生と死の『修証義』

牛込覚心

大蔵出版

はじめに

『修証義《しゅしょうぎ》』の解説《げせつ》という大変難しいことを引き受けて、できるかなと思いながら、しかし何とか形をつけることができた。これもひとえに各先達のおかげと深く感謝している。私自身はほとんど宗派性に拘泥しないタイプなのだが、私の家の菩提寺が曹洞宗《そうとうしゅう》だったので、子供のころから『修証義』を読んだり聞いたりすることにはなじんでいたのである。

それで、私としては、いつかこの経典を自分なりにやさしく理解したものを上梓したいものだという野望を抱いていたのであった。そこに、大蔵出版から「生と死」シリーズで経典を解説してみないかという企画があり、浅学の身を省みず、根がものかきということも手伝って、見境もなく引き受けたのであった。シリーズは四冊をもって構成されることになったのだが、その四冊目にはどうしても『修証義』を入れたいと思ったのである。自分では精いっぱいやさしく記述したつもりだが、そのために本来の深い意味合いを損なってはいはしないかと心配である。とかく、経典というと、葬儀や法事のときに僧侶が「ナムナム」とわけがわからないままに読んで、一般の人はひたすらにありがたがって聞くものと受け取られているように見受けられるが、そんなことはない。経典はすべて釈尊や偉大な宗祖の教えが説かれてあるものなのである。その意味を知れば当然のことばかりで、日常生活のなかでおおいに活用していかなくてはならないことばかりなのである。

その教えに接すれば、当然、人間としてそのようにあるべきであると考えさせられる。そこに説かれてあることは、決して難行苦行ではないが、いざ、そのように行えと言われたら、当然でしかも簡単なことなのに、実践していくのが大変に難しいということばかりである。正し過ぎて、私も含めて一般人では継続（仏教用語では「相続」という）していくことが困難なことばかりである。しかし、少しでもいいからその教えを実践するように努力をしていかなくてはならない。

仏教の難しいところは、書籍を読んでもいくら理性で理解しても、理解したことを実行に移さなければほんとうに理解したことにはならないということである。実行して初めて「信仰」ということになる。その「信仰」の原点が説かれてあるのが『修証義』なのである。そこが抜けていなければいいがと思っている。

生と死の『修証義』
——目次

第一章

総　序——人間の存在と仏の教え

修行と悟りの真理

『修証義《しゅしょうぎ》』は、道元禅師《どうげんぜんじ》の教えを伝えた曹洞宗《そうとうしゅう》を代表するお経です。ところが、そのお経が明治二十三年（一八九〇）に作られた、と言ったら不審に思われるでしょうか。でも、これは事実なのです。

というのは、明治期になって、特に檀信徒の人たちのよりどころとなる経典の必要性を感じ取った滝谷琢宗禅師と畔上楳仙禅師により、道元禅師著の『正法眼蔵《しょうぼうげんぞう》』九十五巻から取捨され、編集されたのがこの経典だからです。その内容は道元禅師の思想の要点を実にみごとに要約し、一宗一派を超えた普遍性をもって私たちを教え導いてくれるものです。

ふつつかながら、私は本書において、この『修証義』の解説を試みさせていただきたいと思っております。仏教では経典の解説のことを「げせつ」と読み、教えを読み解いていくことを言いますが、読者の皆さまとともに、『修証義』の教えの入り口にでもたどり着ければ幸いと思っております。

まず初めに、その経典の題目（タイトル）を解説するのが作法になっていますので、それに従って『修証義』という題目を見ていきましょう。

『修証義』の「修」とは、文字どおり「修める」ことで、「修行《しゅぎょう》」を意味します。「証」は「あかし」で、この場合「悟《さと》り」を表します。そして「義」は「ことわり」ということで、「真理」というほどの意味合いでしょうか。ですから、『修証義』とは「修行と悟りの真理」ということだととらえていただきたいと思います。

道元禅師の思想を考えると、この場合の「修行」と「悟り」の関係は、修行をしている姿そのものが悟りであると受け止めていただければより正確かと思われます。これを「修《しゅ》性不二《しょうふに》」と言います。「修行」と「悟り」とは別々のものではないということです。

修行のない悟りはありません。同じように、悟りのない修行もまた存在しないといえます。これらは、一枚の紙の裏と表のようなものです。修行と悟りはそれぞれ別のことを意味しますが、この二つを切り離すことはできません。このようなことを「不《ふ》二《に》而《に》二《に》、二《に》而《に》不《ふ》二《に》」と言います。「二つにあらずしてしかも二つであり、二つであってしかも二つにあらず」ということです。

どんな名僧であっても、「修行」をしていないときの姿は決して「悟り」の姿ではありません。逆に言えば、どのような人であっても、お仏壇に向かい、懸命にお経を唱えたり坐禅を組んだりしているときの姿は「悟り」そのものの姿なのです。

修行のなかに悟りがあり、悟りのなかに修行がある。そのような真理を説いている経典が『修証義』であるということができそうです。

人生を明らかにする

『修証義』は、五章三十一節、三千七百余字からなっています。きちんと章と節とで整理されているのですが、本書では、私の解説しやすいように「項」を立てて区分けし、説明を進めていきたいと思います。

まず第一章は「総序」で、この経典のあらましといった意味合いです。経典を読んでいきましょう。

生《しょう》を明《あき》らめ死を明らむるは仏家《ぶっけ》一大事の因縁なり、生死《しょうじ》の中に仏あれば生死なし、但《ただ》生死即ち涅槃と心得て、生死として厭《いと》うべきもなく、涅槃《ねはん》として欣《ねご》うべきもなし、是《この》

時初めて生死を離るる分《ぶん》あり、唯一大事因縁《ただいちだいじいんねん》と究尽《ぐうじん》すべし。

ここまでが原典でも第一章の第一節となっています。出だしは有名な一句で、「生《しょう》を明《あき》らめ死を明らむるは」とありますが、ここはとてもたいせつなところです。「生」とは、文字どおり生きること、あるいは生まれてきたことです。それから「死」、生きることだけではなく、死ぬこともまた明らかにしようとここで取り上げているわけです。

生きていくことと死ぬことを合わせて「生死《しょうじ》」と言っていますが、これは人生そのもののことです。

仏教では、時間の流れを「過去世《かこせ》」「現在世《げんざいせ》」「未来世《みらいせ》」の三つにまたがって一時もとどまることなく流れるものと考えます。過去世のことを「前生《ぜんしょう》」とも「前世《ぜんせ》」とも呼び、現在世のことを「現世《げんせ》」とも「今生《こんじょう》」とも言います。また、未来世のことを「来世《らいせ》」とも呼び、私たちが死を迎えたあとに来るので「後生《ごしょう》」とも言います。

このように、過去、現在、未来をつないでいる「生命」があり、そのなかの今生の部分を取り出してみると、そこには生《しょう》・老《ろう》・病《びょう》・死《し》という人生が待ち受けています。生まれ、老い、病み、死んでいく私たちの人生のことで、仏教の開祖である釈迦牟尼仏陀《しゃかむにぶつだ》——通常私たちがお釈迦さまと呼んでいる仏さま——はこれを苦しみの人生ととらえ、「四苦《しく》」と言いました。

お釈迦さまは菩提樹《ぼだいじゅ》の下で坐禅を組み、悟りを開かれたわけですが、その悟りの内容の一つが、人間は生老病死という苦を背負った存在であるということだったと言います。これを「苦諦《くたい》」と呼びます。「諦」とは諦めるということではなく、明らかにするということで、「真理」を意味します。お釈迦さまは、この苦諦をどのように克服できるのかを追求なさったのです。

したがって、苦諦——生老病死という四苦——は人生全体の問題を言いあてているわけですが、『修証義』で「生《しょう》を明《あき》らめ死を明らむるは」と言っているのも、この人生全体の問題を見極めることを意味しているのです。

経典は、「仏家《ぶつけ》一大事の因縁なり」と続きます。「仏家」とは仏を信仰する仏弟子、私たち凡夫《ぼんぶ》、仏教の信仰者たちのことです。仏さまの弟子である私たち仏教の信仰者は、まず何をおいても、「生死」、つまり生老病死という四苦を含んだ人生の根本問題をはっきりと見極めなさいとお説きになっておられるのです。

次に、「生死《しょうじ》の中に仏あれば生死なし」とありますが、これはどういう意味でしょう。そのように苦しみに満ちた「生死」ではあるけれども、これも仏さまからちょうだいした尊い生命だと気がつけば、嫌って捨てるべきものではないと言っているのです。

仏さまからちょうだいした命と申し上げましたが、私たちの生命は、仏さまのご縁をいただかないかぎり、この世に誕生することはありません。では両親の役目はどうなるのかといえば、大きな仏さまのご縁をお助けする役割を担っていると受け止めていただきたいと思います。この役割を、縁を助けるということで「助縁《じょえん》」と申します。

私たちの生命は、仏の存在なしには考えられません。もっと言えば、「生死」という四苦を含んだ苦しみの人生も、仏のご縁をいただいて誕生したものなのです。そのことに目覚めれば、この人生もただ嫌って捨て去るべきものではないと言っているのが、「生死《しょうじ》の中に仏あれば生死なし」という言葉なのです。

そうであれば、この人生において真理を見極めるべきです。どこか別のところに悟りの世界があるなどという奇妙な考えをもって仏道を求めるべきではありません。

そのことを、「但《ただ》生死即ち涅槃と心得て、生死として厭《いと》うべきもなく、涅槃《ねはん》として欣《ねご》うべきもなし」と言い表しています。

「涅槃」とは、インドの古語である「ニルヴァーナ」または「ニッヴァーナ」を音写した言葉で、「火を吹き消した状態」という意味です。何の火かというと、それは煩悩《ぼんのう》の燃え盛る火だと言いますから、涅槃とは煩悩の火を吹き消した状態、つまり悟りを開いた状態だということになります。

私たちは、毎日朝起きて仕事をし、家庭に戻り、団らんを囲み、夕餉《ゆうげ》をとり、やがてまた眠りにつくという繰り返しの人生を送っています。それが生老病死を含んだ生死でもあるわけです。そうした単調に見える人生のなかに、実はとてもたいせつなことがあると言っているのがこの一節です。

私たちが求めてやまない悟りとは、とても平凡に思える毎日の人生のなかにこそあるのであって、それ以外の特別な世界にあるなどと受け止めるべきではないと言っているのです。私たちの平凡な日常のなかにこそ、見極めるべき悟りがあるのです。

そしてまた、そこには当然「修行《しゅぎょう》」もあります。修行といっても、何も特別なことではありません。毎日毎日を真剣に楽しく生きていく、それがたいせつな「修行」なのです。そのような修行の場のなかにこそ悟りがあるとわかったとき、初めて「生死」というものから解放されます。そのことを、「是時《この》初めて生死を離るる分《ぶん》あり」と言っているのです。

以上のようなことを、「唯一大事因縁《ただいちだいじいんねん》と究尽《ぐうじん》すべし」、たった一つの重大事であると見極めなさいと、ここでお述べになっておられるのです。

人間に生まれ、仏法に出会う幸せ

人身得《にんしんう》ること難《かた》し、仏法値《ぶっぽうお》うこと希《ま》れなり、今我等宿《いまわれら》善《しゅくぜん》の助くるに依りて、已《すで》に受け難き人身《にんしん》を受けたるのみに非《あら》ず、遭《あ》い難き仏法に値《あ》い奉《たてまつ》れり、生死の中の善生《ぜんしょう》、最勝の生《しょう》なるべし、最勝の善身を徒《いたず》らにして露命《ろめい》を無常の風に任《まか》すること勿《なか》れ。

私たちにとっては、自分の生命こそが根本問題です。その生命について考えてみましょう。生命は人間だけのものではありません。動物にも、虫にも、魚にも、木や草にも命があります。仏教では、こうした生き物を四つに分類して「四生《ししょう》」と呼びます。

一つは「胎生《たいしょう》」で、母胎から生まれるものです。卵などからではなく、形を成してお母さんのおなかから誕生してくる生き物と言いますから、いわゆる哺乳類の動物と考えればいいのでしょうか。例えば犬や猫、そして人間もこの「胎生」のなかに入ります。

二つ目は「卵生《らんしょう》」、卵から生まれるものです。例えば鳥がそうです。それから、亀、ワニなどもそうした仲間に入るでしょうか。爬虫類などもそうです。このように卵で生まれてくるものを「卵生」と言います。

三つ目は「湿生《しっしょう》」です。湿り気のある生と書くことから推測できるように、ぼうふらや虫など、じめじめしたところに生まれるものです。

おおよその生き物は以上の三つのなかに入りますが、もう一つ、どうしてもこの三つでは分類できないものもあります。これを「化生《けしょう》」と言います。過去の業《ごう》によってこつ然と生まれるもので、天人や地獄の衆生《しゅじょう》、また幽霊やお化けなどもここに入るのかもしれません。仏教では、こういうものもやはり生き物ととらえています。

生き物は、胎生、卵生、湿生、化生という四生のいずれかに生を受けます。そのなかで、私たちが人間として生まれてきているという事実が重要です。一歩間違えば、犬や猫、亀やワニなどとして生まれてきたかもしれないのです。ところが、ありがたいことに、仏さまからいただいたたいせつなご縁によって、私たちは人間として生まれてきました。これは大変にえがたいことです。「人身得《にんしんう》ること難《かた》し」とはこのことを言っているのです。

さらに、私たちは人間としての命をいただいたうえに、ありがたい仏法《ぶっぽう》と出会うことができました。これを、「仏法値《ぶっぽうお》うこと希《ま》れなり」と言っているわけです。

私たちが人間の身に生まれ、仏法に出会うという難事中の難事を得ることができたのはなぜでしょうか。それは前世のよき「因縁《いんねん》」によって可能だったのです。そのことを経典は、「今我等《いまわれら》宿善《しゅくぜん》の助くるに依りて、已《すで》に受け難き人身《にんしん》を受けたるのみに非《あら》ず」と言い、かけがえのない人間としての生命を受けただけではなく、さらに「遭《あ》い難き仏法に値《あ》い奉《たてまつ》れり」、尊い仏法とも出会っていると喝破《かっぱ》しています。これ以上の幸福はないということでしょう。そしてこう続けます。

「生死の中の善生《ぜんしょう》、最勝の生《しょう》なるべし、最勝の善身を徒《いたず》らにして露命《ろめい》を無常の風に任《まか》すること勿《なか》れ」と。

ものごとには原因というものがあります。原因があって、必ず結果が生じます。このことを「因果《いんが》」と言います。

自分で自分の結果を作り出す原因、これを「業《ごう》」と呼びます。業とはインドの「カルマ」という言葉の訳で、「行為」とか「はたらき」ということです。自分が作った原因、業には、必ず結果が伴います。これを報《むく》いと言い、よいことであれ悪いことであれ必ず返ってきます。このことを「因果応報《いんがおうほう》」と言います。また、自分の業は他人ではなく自分に返ってきますから、これを「自業自得《じごうじとく》」と言うのです。

例えば悪いことをする、これは「悪因《あくいん》」です。悪因を行っていながらその報い、つまり「悪業《あくごう》」がないなどと考えるのは愚かなことです。悪いことをすれば必ず悪い「結果」が返ってきます。天に向かってつばを吐けば、そのつばは必ず自分に降りかかってきます。

人間という最高の立場に生まれながら、そういう悪業を犯して尊い生命をむだに過ごしてはならないと言っているのがここのところになるわけです。「最勝の善身を徒《いたず》らにして」、つまり無為《むい》にして、「露命《ろめい》を無常の風に任《まか》すること勿《なか》れ」と戒めます。

その前に「宿善《しゅくぜん》」という言葉が出てきます。これは「宿世《しゅくせ》」、「前生《ぜんしょう》」「前世《ぜんせ》」「過去《かこ》世《せ》」とも言い、いずれも同じ先の世のことです。

善なる宿世と書いて「宿善」ですから、これは過去世においてよい行いをし、その善行の助けによって人間としての命をいただいたという意味に受け止めていいでしょう。

さらに、ここには「無常《むじょう》」という難しい言葉が出てきます。「最勝の善身を徒《いたず》らにして露命《ろめい》を無常の風に任《まか》すること勿《なか》れ」というところです。この「無常」という概念は、仏教の考え方の大きな柱となっているものです。

「無常」とは、常ならずと書きます。この世のなかのあらゆる事物や現象は、必ず変化を遂げ、生滅を繰り返すということです。あらゆるものは変わっていきます。変わらないものはありません。

コーヒーカップは、古くなれば割れもするでしょう。目の前にある時計も、古くなれば針が動かなくなり、さびもするでしょう。そして、やがて壊れていきます。

山の景色を見ても、夏は緑が大変に濃く、目にまばゆいばかりですが、しかし、秋になれば紅葉し、冬になれば葉が枯れて落ちていきます。常にその姿を変えていくのです。

空もそうです。雲が流れていると思うと、その雲が流れたあとにまた次の雲が来ます。あるいは青い空が見えることもあるし、雨のときもあります。

このように、目に見える世界はすべて変化を遂げていきます。変わらないものはありません。それは人間も同じです。生まれ、成長し、老い、やがて死んでいきます。人間の命も常ならず、「無常」であるということなのです。これを仏教では「諸行無常《しょぎょうむじょう》」とも言います。もろもろのことは常であるものはない、変わらないものはないという意味です。『修証義』のなかでは、「露命《ろめい》を無常の風に任《まか》すること勿《なか》れ」と言っています。「露命」とは、私たちの命です。仏さまにいただいたたいせつなこの命を、移ろいゆく風の吹くままに任せっきりにするのではなく、もっと主体性を持って生きていきなさいと教え諭しているのです。

「生死」というものをしっかり見据えなさい。生死をしっかりと見据えることによって、人生がきっちりとしたものになっていくのです。私たちは、仏さまのご縁で人間としての尊い命をちょうだいし、さらに会うことの難しい仏法というものに出会っています。そういう幸福を得ているのです。この節では、そのことを再度認識しなさいと述べておられるのです。

永遠なるものなど何もない

無常憑《むじようたの》み難し、知らず露命《ろめい》いかなる道の草にか落ちん、身已《みすで》に私《わたくし》に非ず、命は光陰に移されて暫《しばら》くも停《とど》め難し、紅顔いずくへか去りにし、尋ねんとするに蹤跡《しようせき》なし、

ここにも「無常憑《むじようたの》み難し」と、無常という言葉が出てきます。この世のあらゆるものは無常である。常に変わっていく。その無常なものを頼りにしていても、しかたがないではないかという意味です。

この人間の命でさえもが移ろっているのです。自分が知らぬ間に、その命を、路傍の道の草が朽ち果てるようになくしてしまうのはあまりにも口惜しいことではありませんかということを、「知らず露命《ろめい》いかなる道の草にか落ちん」と言い表しています。

道元禅師の文章は大変詩的であり、そして男性的です。声に出して読んでみると、文章の持っているリズムやメロディーが心に迫ってきます。とても魅力に富んだ文章です。しかも迷っている言葉がなく、すべて言い切っておられます。

「身《み》已《すで》に私《わたくし》に非ず」と続きます。この身はそのように移ろいやすく、自分の思うようにはならないのだから、自分のものではないのと同じことだという意味でしょう。

そして、次に「光陰」という言葉が出てきますが、これを説明しておきましょう。先ほど、私たちは過去、現在、未来という「三世《さんぜ》」を生まれ変わり、死に変わりしていくと言いました。

しかし、そのなかの現世、つまり「今生」に関していえば、私たちはそこで有限の時間を生きております。私たちの命、特に今生での生命は、無限の時間を生きているわけではありません。限られた時間のなかを移ろいつつ生きているのです。

その意味では、時間イコール「今生の生命」と言うことができます。これを「光陰」と言うのです。光陰とは、年月および時間を指しています。年月、時間というものは、一秒の何十分の一の単位で刻々と移ろい、消費されているのです。

ですから、世間では「時は金なり」などと言いますが、私はあえて、ここでは「時は命なり」と言ってみたいと思います。命であるその時を、むだに過ごしてよいものでしょうか。十分に価値のある時間を、充実した時を過ごさなくては、生きているかいがないではありませんか。

私たちの今生での生命は、厳選のうえに厳選されたものです。世界中には約六十億人の人間がいるといわれますが、「私」はそのなかでもたった一つの命なのです。

そのような尊いたいせつな命も、「命は光陰に移されて暫《しばら》くも停《とど》め難し」という状態にあります。時は命であり、命は時であると言いましたが、その時は刹那《せつな》の間もとどまってはいないのです。

若い人たちには理解しにくいことかもしれませんが、年齢というのは、想像している以上に早く経ていくものです。いつまでも若くありたいという願いは、だれもが持っているものですが、そうはいきません。それを「紅顔いずくへか去りにし、尋ねんとするに蹤《しょう》跡《せき》なし」と言っているのです。

「紅顔の美少年」などという言葉があるくらいですから、紅顔という言葉が若い人を指しているのは当然のことです。その若かりしころを尋ねようとしても、はや、その「蹤跡《しょうせき》」、つまり跡形もない。悲しいことですが、人生とはそういうものです。

若いときは何もしなくても女性は美しいし、男性は躍動しています。老齢の人にとっては、若いというだけでもうらやましいものなのです。けれども、老人だってある日いきなり年寄りになったわけではありません。少しずつ年齢を重ねていったのです。当然のことながら、そうした老人にも若かりしころというのはあったのです。

突然年寄りになったのではなく、次第に年を取っていったのですが、不思議なことに、老いていく過程は本人にはなかなかわかりにくいものです。気がつくと、「え……?」と思うほど年を取ってしまっているというのが現実ではないでしょうか。

あれもしたかった、これもしたかったと思っているうちに、ふと気がつくと、もうそんなことができない年齢になってしまっている。時間というのは人間を待ってはくれません。やりたいことがあったなら、コツコツと毎日努力を積み重ねていかないと、気がついたときには何もできていないというようなことになってしまいがちなものなのです。

「少年老いやすく、学成り難し」という言葉がありますが、まったくそのとおりで、本人の努力と時間との競争なのです。それほど、時間というものは無情に過ぎ去っていくということです。

熟《つらつら》観ずる所に往時の再び逢うべからざる多し、

どのように思いやってみても、過ぎ去った日々に再び出会うことはできないということです。出会えるのはアルバムのなかだけ、過ぎ去った日々とは、思い出としてしか出会えません。

アルバムばかりを眺めていても、活力のない人生となってしまうでしょう。過去を振り返ってばかりいても、始まるものは何もありません。したがって、ここでは、後悔のない日々を送るということがいかにたいせつかということを考えてもらいたいのです。

人生の視線は、常に未来に向けていたいものです。そのためには、現在、たった今を真剣に生きるということでしか活路は見いだせません。現在を真剣に生きていないのに、未来がすばらしいものになるはずがありません。

無常忽《たちま》ちに到るときは国王大臣親暱従僕妻子珍宝《こくおうだいじんしんじつじゅうぼくさいし》たすくる無し、唯独《ただひと》り黄泉に趣くのみなり、己《おの》れに随い行《ゆ》くは只是《ただこ》れ善悪業《ごうとう》等のみなり。

無常とは、この世のあらゆるものは必ず変化し、移ろっていくということでした。常住するものなどは何もないのです。人間の命もまた無常です。年を取り、病を得て、やがて死を迎えるというのは、生きとし生けるものの宿命です。

「無常忽《たちま》ちに到るときは」とは、その臨終を迎えるときを指しています。そのときには、国王も、大臣も、親暱《しんじつ》というのは親しい人々ということですが、そういう人たちも、妻子も、珍宝、つまり財産も、わが身を助けてくれることはないと言うのです。

当然ですね。柩《ひつぎ》のなかにそういう人々が入って死人を生き返らせたという話は、聞いたことがありません。いくらお金を払っても、だれも命を延ばしてはくれません。結局、死ぬときは死ぬのです。

そして死ぬときは、「唯独《ただひと》り黄泉に趣くのみなり」、たった一人で死出の旅に出るほかはないのです。だれもついてきてはくれません。最近は、入学式はまだしも、入社式にも親がついていくなどという話を聞くことがありますが、さすがに死出の旅だけは一人でいくしかありません。

ついてきてくれるのは、「己《おの》れに随い行《ゆ》くは只是《ただこ》れ善悪業等《ごッとう》のみなり」、つまり、死者につき従っていくのは、死者自身が生前に行ってきたよいこと、悪いことのはたらき（業）だけであると言います。生前、善悪を含めて原「因」となる行為を行ってきたわけですから、その結「果」だけがその人に必ずついていくと言うのです。

この道理を知らずに、死ぬ直前になって「あ、しまった」と思ってももう遅いのです。よいことなら問題はありませんが、「悪いことをしてしまった」と思ったときには、もうどうにも取り返しがつきません。

行為には必ず報いがある

今の世に因果を知らず業報《ごっぽう》を明《あき》らめず、三世《さんぜ》を知らず、善悪を弁《わき》まえざる邪見の党侶《ともがら》には群《ぐん》すべからず、

「今の世」とは生前にということで、現在の私たちの人生で、ということですが、そこで「因果を知らず」、「因果」とは原因と結果のことです。原因がない結果はありません。原因があれば必ず結果が出ます。それが報い、つまり「業報《ごっぽう》」です。そのことを明らかにしておかなくてはならないと言っているのです。

その道理も知らず、また「三世《さんぜ》を知らず」というのですから、過去・現在・未来という時間の流れも知らずということです。そのうえ善と悪の区別もわからないよこしまな見解を持つ連中とは、群れをなしてはならないと戒めているのがここの一説です。それはそうでしょう。そんなわけのわからない人々とつき合ってみても、どうにもよい結果は得られません。

では、原因と結果との関係は、どのような道理に基づいているのでしょう。それを、

大凡《おおよそ》因果の道理歴然《れきねん》として私《わたくし》なし、

と言っております。

原因と結果の道理というのは、実に明白なものである。そこには私情を差し挟む余地もない。なぜなら、それは宇宙の真理だからです。

水は低いところから高いところには流れていきません。原因と結果の関係もそうです。原因のない結果はないのです。

造悪の者は堕《お》ち修善《しゅぜん》の者は陞《のぼ》る、毫釐《ごうり》も忒《たが》わざるなり、

原因として、悪を造った者は堕《お》ちていく。どこへ堕ちるのかといえば、これは地獄というほかはありません。反対によいことをした人は「陞《のぼ》る」と言いますから、これは浄土に昇って仏になる、つまり「成仏《じょうぶつ》」するということでしょう。この道理は、髪の毛一本ほどにも違わないと強調しています。

若し因果亡《ぼう》じて虚《むな》しからんが如きは、諸仏の出世あるべからず、祖師の西来《せいらい》あるべからず。

もし原因と結果の道理が間違っているとすれば、もろもろの仏さまの存在もなければ、祖師である達磨大師《だるまだいし》が、西の国であるインドからわざわざやってくることもないではないか。それほど因果の道理というものは明白なことなのであると言い切っているわけです。

そして、善因・悪因の結果の現れ方には、三つ形があると説いています。

善悪の報に三時《さんじ》あり、一者《ひとつには》順現報受《じゅんげんほうじゅ》、二者《ふたつには》順次生受《じゅんじしょうじゅ》、三者《みつには》順後次受《じゅんごじじゅ》、これを三時という、

善悪の報いを受けるのには、三つの時があるというのです。その一つはまず「順現報受《じゅんげんほうじゅ》」、これは、現世での行いの報いを現世で受けることです。

二つ目は「順次生受《じゅんじしょうじゅ》」、これは、現世での行いの報いを次の生で受けることです。

三つ目は「順後次受《じゅんごじじゅ》」、これは、現世での行いの報いを、その次の生のもっと先の生、後々の生で受けるということです。この報いを受ける三つの時を、「三時《さんじ》」というと言っています。そして経典は続けます。

仏祖《ぶっそ》の道《どう》を修習《しゅじゅう》するには、其《その》最初より斯三時《このさんじ》の業報《ごっぽう》の理を効《なら》い験《あき》らむるなり、

仏祖と申しますから、お釈迦さまを初めとするもろもろの仏さまたちのことです。その仏祖の道を習い、修行をするには、「最初より」とは修行を始める前からということです。修行を始める前から、業に対する報いがこの「三つの時」のいずれかに現れるという理を、明確に学習しておくことがたいせつであると言っているわけです。

「だったらおれは、一生懸命仕事をしているんだから、順現報受で、早いとこお金持ちになるという報いが来てもらいたいね」と思う方もいらっしゃるでしょうが、人間はよいことも悪いこともしているものです。あなたのよい行為・悪い行為のバランスをちょっと測ってみてください。はたして「順現報受」で来るのはお金持ちになるほうの道でしょうか、それとも悪い報いでしょうか。

いずれにしても、結果を招くのは自分が作った原因であり、過去の報いは今結果として来ているのだということです。

例えば、私たちが林を切り、ダムを造ります。「順現報受」、この世で行ったことの報いとしては、水力発電が起き、飲み水が蓄えられているというよい面があります。

しかし、ダムの管理を怠ったら、今度は善業が悪業と化します。そうすると、私たちが死んだ後、子孫はどうなるでしょう。ダムが決壊して大地を破壊し、生態系が壊れれば、事態は恐ろしいことになります。それはちょっと考えただけでも十分に理解できることです。

そのように、次の世に報いを受ける「順次生受《じゅんじしょうじゅ》」、もしくはもっと後々の世に報いを受ける「順後次受《じゅんごじじゅ》」が避けられずあるのは確かなことだと思います。

さらに、これを地球規模で考えてみてください。私たちは紙という大変便利なものを手に入れていますが、この紙を作るためには多くの木を切らなければなりません。木を切ったあとには必ず植林をしなければならないのですが、それを怠ったとき、その報いを必ずどこかの国が受けることになるわけです。

私たちは、今いろいろなものを潤沢に受け取っています。これほどものがあふれている時代も珍しいかと思います。けれども、その裏側には、荒れ果てていく大地があるのです。その報いは、これまでに学んだ「三時《さんじ》」で必ず現れる、このように考えていただきたいと思います。

最近では、フロンガスがオゾン層を破壊しているというような科学的な見方もあるようです。この報いも、私たちは「三時《さんじ》」のいずれかに受けることでしょう。

経典を続けましょう。

爾《しか》あらざれば多く錯《あやま》りて邪見に堕つるなり、但《ただ》邪見に堕《お》つるのみに非ず、悪道に堕《お》ちて長時の苦を受く。

この文章も相当怖いことを言っています。「爾《しか》あらざれば」、すでにこれまでに学んできたようなことでなければ、多くの誤りを犯してよこしまな見解に堕《お》ちるだろうし、ただよこしまな見解に堕ちるだけではなく、悪道に堕ちてしまうというのです。それも長い時、「長時」とあります。

私たちが今まで学んできた道元禅師の『修証義』の教えにたがえれば、悪道に堕ちて長い間苦を受けることになると言っているのがここの文章になるわけです。

当《まさ》に知るべし今生《こんじょう》の我身《わがみ》二つ無し、三《み》つ無し、徒《いたず》らに邪見に堕ちて虚《むなし》く悪業《あくごう》を感得せん、惜《おし》からざらめや、悪を造りながら悪に非ずと思い、悪の報あるべからずと邪思惟《じゃしゆい》

するに依《よ》りて悪の報を感得せざるには非ず。

まさに知りなさい。「今生《こんじょう》の我身《わがみ》」、今人生を生きている自分の身は二つとないし、三つとないたいせつなものである。それをいたずらによこしまな見解に陥り、むなしく悪業を重ね続けていけば、必ず定めとしてそれに価する報いを受けることになるであろうと言っています。

だから、「惜しみなさい、我が身を」と。せっかく仏さまのご縁をちょうだいし、人間として誕生してきたこの命を精いっぱい惜しみなさい、慈しみなさいと言っているのです。私たちは、悪いことをしながらそれを悪いことと思わなかったり、悪いことをしても報いなんかないと思ったりするよこしまな考えに陥りがちですが、それは決していい考え方ではありません。悪の報いを動かしがたい定めとしてはっきりと受け止めなければならないとして第一章を終わっています。

この章を整理する意味で、一つの経典をご紹介しておきたいと思います。「七仏通戒偈《しちぶつつうかいげ》」という経典です。

諸悪莫作《しょあくまくさ》
衆善奉行《しゅぜんぶぎょう》
自浄其意《じじょうごい》
是諸仏教《ぜしょぶつきょう》

諸（もろもろ）の悪をなすことなかれ、衆（もろもろ）の善を奉行せよ、自ら其（そ）の意（こころ）を浄むるは、是れ諸仏の教えなり、という経典です。

毘婆尸仏《びばしぶつ》、尸棄仏《しきぶつ》、毘舎浮仏《びしゃふぶつ》、拘留孫仏《くるそんぶつ》、拘那含牟尼仏《くなごんむにぶつ》、迦葉仏《かしょうぶつ》、釈迦牟尼仏《しゃかむにぶつ》の七仏を「過去七仏《かこしちぶつ》」とお呼びしますが、七仏が共通して説かれているのが「七仏通戒偈」だと言われています。道元禅師の『修証義』の第一章、「総序」に述べられてあることと相通じる部分があるのではないかと思い、「七仏通戒偈」をご紹介申し上げます。

第二章

懺悔《さんげ》滅罪《めつざい》――罪を洗い清める

懺悔《さんげ》の功徳

仏祖《ぶっそ》憐《あわれ》みの余り広大の慈門を開き置けり、是《こ》れ一切衆生《いっさいしゅじょう》を証入《しょうにゅう》せしめんが為《た》めなり、人天《にんでん》誰か入らざらん、彼《か》の三時《さんじ》の悪業報《あくごっぽう》必ず感ずべしと雖も、懺悔《さんげ》するが如きは重きを転じて軽受《きょうじゅ》せしむ、又滅罪清浄《まためつざいしょうじょう》ならしむるなり。

第二章は懺悔滅罪《さんげめつざい》がテーマです。人間が自分自身では気づかずに犯している罪過、もしくは自分でわかっていて犯した罪過を洗い清めるのは、大変に重要なことです。

懺悔するとは、罪を洗い清めるということですが、この章ではそういう意味の罪過を洗い清めることを述べているわけです。

まず、「仏祖《ぶっそ》憐《あわれ》みの余り広大の慈門を開き置けり」と始まります。仏祖とは仏さまのことです。その仏さまが、私たち凡夫《ぼんぶ》（生きとし生けるもの、これを「衆生《しゅじょう》」とも言います）に対して、広大な慈悲の門を開いていてくださるというのです。

衆生は、いろいろな罪過を犯しています。知らぬ間に犯している罪過もあるでしょう。そうした悪業には必ず報いがあります。これは何人といえども必ず受けざるをえないわけです。

しかし、仏さまたち、あるいはお祖師さまたちは、慈悲の心をもってわれわれ衆生を仏道に目覚めさせてくださり、そのことによって重いはずの罪を軽くし、またすっかり洗い落としてくださると言っているのです。

「是《こ》れ一切衆生《いっさいしゅじょう》を証入《しょうにゅう》せしめんが為《た》めなり」とは、そのように慈しみの門を大きく開いてくださっているのは、一切の衆生、生きとし生けるすべてのものを仏道に入らしめ、仏道に目覚めさせるためであるというのです。

「人天《にんでん》誰か入らざらん」と続きますが、そうしてみ仏さまによって開け放たれている広大な慈悲の門に入るには、純真な混じり気のない信心の心をもって入らなくてはならないということです。

前章でも述べたように、善悪の業には必ず報いがあります。そのうち悪業報を感じている人でも、それを懺悔すれば重い罪も軽くなると言っているのです。宗教とか信仰というものにとって、懺悔は極めて重要です。懺悔とは悔い改めることです。悔い改めるとは心を洗い清めることです。そうすれば重い罪も軽くなると言い、さらに、「又滅罪清浄《またのつざいしょうじょう》ならしむるなり」、その罪を滅して清らかな心にさせてくださるというのです。

然《しか》あれば誠心《じょうしん》を専《もっぱ》らにして前仏《ぜんぶつ》に懺悔すべし、恁麼《いんも》するとき前仏懺悔の功徳力《くどくりき》我《われ》を拯《すく》いて清浄《しょうじょう》ならしむ、此《この》功徳能《よ》く無礙《むげ》の浄信精進《じょうしんしょうじん》を生長《しょうちょう》せしむるなり、

「然《しか》あれば」ですから、今まで述べてきたようなことであれば、「誠心《じょうしん》」とは誠心誠意の心、その心を専一にして前仏、目の前におわします仏さまに懺悔をしなさいと説きます。「恁麼《いんも》するとき」というのは、かくのごときとかこのようにするときといった意味合いですから、目の前におわします仏さまに懺悔をするとき、仏さまの功徳の力は私たちを救ってくださり、私たちの心を清らかなものにしてくださいますと言っているわけです。「前仏懺悔の功徳力我《くどくりきわれ》を拯《すく》いて清浄《しょうじょう》ならしむ」とはそういうことです。

この仏さまの功徳はすばらしいもので、「無礙《むげ》の浄信精進《じょうしんしょうじん》を生長《しょうちょう》せしむるなり」と言います。無礙とはこだわりがないということです。

その無礙の浄信、こだわりのない清らかで信仰心に満ちた心。そういう心の精進をさらにいや増すであろうと、このように述べておられます。

浄信一現《じょうしんいちげん》するとき、自佗同《じたおなじ》く転ぜらるるなり、其利益普《そのりやくあま》ねく情非情《じょうひじょう》に蒙《こう》ぶらしむ。

「一現《いちげん》」とは一つになって現前すること、目の前に現れることです。したがって、清らかで信心深い心が実現したとき、「自佗同《じたおな》じく転ぜらるるなり」、「佗」は「他」と同義で、「自佗」とは自分と他者ということです。自分を「自己」と言い、他人を「他己」と言います。その自己と他己を合わせて「自他」と言うわけです。ですからここは、「自他は同じように、よき方向に転ぜられるであろう」という意味になります。そしてその利益は、あまねく広大に及んでいくというのです。

その利益がどのくらい広大なのかというと、「情非情《じょうひじょう》に蒙《こう》ぶらしむ」と説明していますが、この「情非情」という言葉が少々やっかいです。「情」とは「有情《うじょう》」の略で、生物といいますか、生命のあるもののことです。「非情」は「情に非ず」ですから、生き物でないもの、無生物というように考えていいでしょう。

したがって、整理すると、清らかな心、信ずる心、それが一つとなったとき、自己も他己も同じように、その利益に転じられ、それらの利益は、命のあるもの、命のないもの、生物、無生物にまで及ぶのだと言っているわけです。

宇宙の仏

其大旨《そのだいし》は、願わくは我れ設《たと》い過去の悪業《あくごう》多く重なりて障道《しょうどう》の因縁ありとも、仏道に因りて得道《とくどう》せりし諸仏諸祖我を愍《あわれ》みて業累《ごうるい》を解脱《げだつ》せしめ、学道障《がくどうさわ》り無《な》からしめ、其功《そのく》徳法門《どくほうもん》普《あま》ねく無尽法界《むじんほっかい》に充満弥綸《じゅうまんみりん》せらん、哀《あわれ》みを我に分布《ぶんぷ》すべし、仏祖の往昔《おうしゃく》は吾《われ》等《ら》なり、吾等が当来《とうらい》は仏祖ならん。

「其大旨《そのだいし》」、これまで述べてきたところのおおむねはと言って、次のように述べています。
願わくは、私が過去に犯してきた悪業――それには自分では気がついていない悪しき業、あるいは気がついていても直すことのできなかった悪しき行いが含まれていますが――そうした悪しき業を、望む、望まないにかかわらず多く重ねてしまった。

それらの悪業が「障道《しょうどう》の因縁ありとも」、障道とは障りの道、道は仏道を指しますから、仏教を学び修めるのに障りになる、じゃまになるというのです。しかし、そういう「因縁」があったとしても、「仏道に因りて得道《とくどう》せりし諸仏諸祖我を愍《あわれ》みて」というのは、仏教という尊い道、だれもが本来修めなくてはならない仏の道、その道によってすでに悟りを得た仏たちは、私たちを哀れみの心で見て、「業累《ごうるい》を解脱《げだつ》せしめ」、悪しき業によるわずらい、障害、これらを業累と言いますが、そこから抜け出させてくれると述べています。

さらには「学道障《がくどうさわ》り無《な》からしめ」と言い、仏道を学ぶことから障害を取り除いてくれると言っているのです。

そうした尊い法門（教え）の功徳は、「普《あま》ねく無《む》尽法界《じんほっかい》に充満弥綸《じゅうまんみりん》せらん」とありますが、ここの言葉は難解かと思います。

「普《あま》ねく」は広く、「無尽《むじん》」とは尽きることがないということですが、「法界《ほっかい》」という言葉が難解です。

「法界」とは時間と空間の世界のことで、宇宙そのもののことです。その宇宙を仏と見て、宇宙仏がつかさどる世界をも「法界」と呼びます。

ここで少しわき道にそれ、「仏さま」とは何なのかを整理してみましょう。私たちはひと言で仏と言いますが、それにはいろいろな意味があります。

例えばお釈迦《しゃか》さまであったり、阿弥陀《あみだ》さまであったり、薬師如来《やくしにょらい》であったり、あるいは、観世音菩薩《かんぜおんぼさつ》であったり、地蔵《じぞう》菩薩であったり、これらすべてが仏です。

また、一宗を開かれたようなお祖師さま、例えばこの『修証義《しゅしょうぎ》』の原著者である道元禅《どうげんぜん》師《じ》のようなお方、これらの方々もすべて仏さまです。

さらに言えば、私たちには両親があり、兄弟があり、おじいさんがあり、おばあさんがいて、さらにはそのおじいさん、おばあさんというようにたどっていくことができるのですが、これらを「ご先祖さま」と言います。そして、そのご先祖さまをも仏さまと呼ぶ場合があります。

くどくなりますが、もっと言いますと、死者、亡くなられた方をも仏と呼ぶことがあります。

このように、仏という言葉は非常に広い範囲を含んでいます。それを少々論理立てていうと、仏にはまず上から「如来《にょらい》」という存在があります。次に「菩薩《ぼさつ》」がいて、それから「明王《みょうおう》」や「天王《てんのう》」がいます。不動明王《ふどうみょうおう》、愛染明王《あいぜんみょうおう》といったような明王、あるいは梵天《ぼんてん》王《おう》とか多聞天《たもんてん》とか帝釈天《たいしゃくてん》という天王です。

そのほか、曼荼羅《まんだら》には「金剛力士《こんごうりきし》」や「童子《どうじ》」など無数の仏の群像が描かれていますが、私たちがおおむね仏と呼んでいる範囲は、如来、菩薩、明王、天王、あるいは童子といったところではないでしょうか。童子は子供という意味で、有名なのが不動明王にお仕えしている脇侍《わきじ》の「こんがら童子」や「せいたか童子」といったような存在もあります。

さらには「神将《じんしょう》」というグループもあり、きりがなくなってしまうので、ここではいちばん上の位におられる如来についてのみを説明いたしましょう。

如来には次の三通りがあります。

一、法身《ほっしん》如来または法身仏。

二、報身《ほうじん》如来または報身仏。

三、応身《おうじん》如来または応身仏。あるいは化身《けしん》如来または化身仏。

まず一番目の法身如来または法身仏とは、宇宙の真理を示しているのです。どういうことかと言いますと、宇宙は「時間」と「空間」から成り立っています。

時間は、第一章でも説明しましたように、「過去世《かこせ》」「現在世《げんざいせ》」「未来世《みらいせ》」という「三世《さんぜ》」によって構成され、それが不断に流れているのです。一秒の何十分の一かを「刹那《せつな》」と言いますが、その「一刹那」も止まることなく流れ続けているのが「時間」です。

もう一つが「空間」、これも広大です。宇宙の果てがどこなのか、私たちにはわかりません。そのくらい広い空間が宇宙です。地球もその空間に浮かんでいて、私たちは今そこに住んでいるのです。

太陽も月も他の星々も、星雲も、すべてこの空間のなかに存在しています。さらには、私たちの目の前にあるものすべて、宇宙に属さないものはありません。

その宇宙、空間と時間が仏であるといわれても、漠然としてしまいます。そこで、空間をとりあえず無限の距離を持つ四方向に割ります。それが東西南北です。

その四つを、さらに四つに割ります。すると東南、東北、西南、西北が加わって八方となります。四方から八方に増えたわけです。

この無限の八つの方向とは、平面的に見た見方です。これを立体的にとらえてさらに二つの方向を加えます。上と下の二方です。

これを天地と考えると間違ってしまいます。地は限界を示し、無限の方向ではなくなってしまうからです。

ですから上と下、無限の上と無限の下を加えます。すると、これで「十方《じっぽう》」となります。したがって、宇宙を指すときには、「三世《さんぜ》十方《じっぽう》」（経典として読む場合は、十方が先にきます）と呼ぶわけです。三世が時間で十方が空間を表します。

この三世十方にはたくさんの法則があります。例えば太陽の子供が太陽系と呼ばれている星々ですが、そのなかの一つが地球です。この地球が太陽の回りを一周すると一年です。一年には春、夏、秋、冬の四季があります。もちろんない場所もありますが、日本には四季が巡るという一つの法則があります。

さらに、地球が自転すると一日です。月の満ち欠けも法則です。こうした法則は、いったいだれが決めたのでしょう。だれが作ったのでしょう。それはわかりません。おそらく地球誕生以来ある法則なのですが、このようなことを、宇宙の「真理」もしくは「真如《しんにょ》」という呼び方をします。

そして、こういう法則を生命の源泉と見ます。生命と見た場合、それは永遠の生命ということになるのではないでしょうか。この「永遠の生命」は、いろいろな呼び方がされます。「久遠実成《くおんじつじょう》の仏」と呼ぶ宗派もあります。そして、『修証義』のなかでは「法界《ほっかい》」と呼ばれているわけです。

宇宙の法則を持った「法界」、宇宙そのものである「法界」を仏と見て、「法身仏」とか「法身如来」と呼んでいるわけです。

仏教の世界観

次に「報身如来《ほうじんにょらい》」について述べてみたいと思いますが、そのためには、どうしても「十界《じっかい》」について説明しなくてはなりません。

「十界」とは、世界を十種類に区分して見る仏教の世界観です。まず、下から地獄《じごく》、餓鬼《がき》、畜生《ちくしょう》という世界があります。ここで畜生と言っていますが、私はこの言葉があまり好きではありません。むしろ動物と言ったほうがいいと思います。

それはさておき、その上に、修羅《しゅら》、人間《にんげん》、天上《てんじょう》という世界があります。ここまでの六つの世界を、「六趣《ろくしゅ》」あるいは「六道《ろくどう》」と呼びます。

六道は凡夫《ぼんぶ》の世界です。また、六道は動物（畜生）界と修羅界のところでラインが引かれており、動物、餓鬼、地獄の三つを「三悪趣《さんあくしゅ》」、あるいは「三悪道《さんあくどう》」と言います。十界のなかでも、特別よろしくない世界であるとしてこう呼ばれるのです。このなかに修羅界を混ぜて「四悪趣《しあくしゅ》」と呼ぶ場合もありますが、通常は「三悪趣」というほうが多いようです。

死んでは生まれ変わることを「輪廻転生《りんねてんしょう》」と言うので、この六つの世界を生まれ変わり、死に変わりすることを、「六道輪廻《ろくどうりんね》」などと言います。

さて、天上界より上にはどんな世界があるのでしょう。まず、「声聞《しょうもん》」「縁覚《えんがく》」という世界があります。「縁覚」は別に「独覚《どくかく》」という言い方をするときもあります。

仏さまの声を直接聞いた弟子を「声聞」と言います。そして、縁起の理を一人で悟った人を「縁覚」と言います。この二つの特徴は、自分の悟りだけを大事にして他人を悟らせようとはしないことです。この二つを「二乗《にじょう》」と呼びます。

「二乗」を説明しようとすると、仏教の歴史から述べなければならなくなってしまいます。仏教は、お釈迦さまを開祖としてインドで生まれた宗教です。それが世界に広まっていくのに、二つのルートを通っていきました。

一つは「北伝《ほくでん》」仏教と言い、ヒマラヤ山脈を越えてチベットにいき、やがて中国に渡り、朝鮮を経て日本に入ってきました。北側のルートで伝わっていったので、これを「北伝」仏教というわけです。

逆に南側に伝わっていった仏教は「南伝《なんでん》」仏教と呼ばれ、現在のミャンマー、あるいはタイといったような地域や国々に広がっていきました。

そして、私はあまり好きな言葉ではないのですが、「南伝」仏教を「小乗《しょうじょう》」仏教と言い、「北伝」仏教を「大乗《だいじょう》」仏教という言い方をします。その理由はこうです。

私たちが住んでいるこの世界は、いまだに悟っていない凡夫の世界です。これを仏教用語では「娑婆世界《しゃばせかい》」と言い、または「此岸《しがん》」と言います。

それに対して、悟った世界を彼の岸、「彼岸《ひがん》」と言います。お彼岸という言葉の語源です。

「此岸」と「彼岸」の間には、当然境界線があります。その境界線を河に例えます。大変に幅広く、底が深く、そして波も荒い河です。その河を渡り切れば、「彼岸」という悟りの世界にいき着けます。

お釈迦さまの声を直接聞いた声聞や、一人で縁起の理を悟った縁覚たちは、この河を小舟でたった一人で渡ろうとしました。

やがてそれを批判する人たちが現れました。そして彼らを自分一人が渡る小さな乗り物しか持っていないとして「小乗」と呼び、自分たちは大きな船を用意し、多くの衆生を彼岸に渡らせてあげるとして「大乗」と自称したのです。そして悟りを求め、利他《りた》を目ざす人々を「菩薩《ぼさつ》」と呼びました。

「二乗」とは声聞と縁覚のことで小乗を表し、大乗の菩薩との間に引かれる線なのです。

さて、二乗の次には菩薩の世界があります。菩薩は「大乗」という大きな船の船頭さんの役割をする人です。ですから、乗船者を彼岸に渡すまで自分が渡るわけにはいきません。観世音《かんぜおん》菩薩、地蔵《じぞう》菩薩など、「菩薩」と名のつく方々はおおぜいいて、向こう岸に着いて無上の悟りを得る実力は十分に備えておられるのですが、彼らはあえて彼岸に渡らず、娑婆世界にいて苦しい修行の道を選んでおられるのです。

多くの人を船に乗せて彼岸に渡してあげよう。おおぜいの人々を救い切ろうという修行を「救世《くせ》」と言い、そのような修行をしている方を「菩薩」と言うわけです。

菩薩の語源はインドの古語の「ボーディ・サットヴァ」で、「悟りを求める生き物」という意味です。この言葉を漢字で「菩《ぼ》提《だい》薩《さっ》埵《た》」と音写し、一字目と三字目を取って「菩薩」と呼んだのです。

「悟りを求める生き物」と訳したわけは、「十界」の下のほうには、地獄の生き物も、動物も修羅も、その他もろもろの生きとし生けるものがおります。したがって、悟りを求めるのは人間だけではありませんから、「生き物」と訳したのです。

最後になりましたが、「如来《にょらい》」の世界を見ていきましょう。如来は向こう岸に渡り切ったものです。ですから、本来的にいうと（彼岸に）「去」ったものの「如」して、「如去《にょこ》」と言ってもいいのでしょうが、彼岸から私たちを救いにも「来る」ので、「来る」ものの「如」して「如来」というのです。

この「如来」が最高位です。すでに悟りの岸に到達してしまった方、もうこれ以上はない悟りを得た方、それを十界の最上位にランクしてあるのです。

如来、菩薩、声聞、縁覚、この四つを「聖なる世界」として「四聖《ししょう》」と言います。聖者の世界です。それに対して、凡夫の世界は「六道」でした。

さて、本題は「如来」、それも「報身如来」のことでした。報身如来という二番目の如来は、菩薩とおおいに関係があります。

すでに述べましたように、菩薩は生きとし生けるものを彼岸に渡らせ、救い切らずにはおかないという「救世」の修行をなさっているわけです。多くの菩薩がそのような修行を完成されて、やがて如来になっていきます。つまり、修行の報いとして如来になるから「報」身如来という呼ばれ方をしたのです。

したがって、「報身如来」と呼ばれる仏は、必ず菩薩であった過去を持っています。修行時代があったということです。例えば阿弥陀《あみだ》如来を例にとりますと、阿弥陀如来の菩薩の時代は「法蔵菩薩《ほうぞうぼさつ》」という名前でした。

法蔵菩薩は四十七の尊い誓願《せいがん》を立てて修行に励み、それを完成されて阿弥陀如来という報身如来、あるいは報身仏になられたのです。ここまでが報身如来についての説明です。

如来たちの特徴

これまでに二つのタイプの「如来」を説明してきましたが、もう一つ、「応身如来《おうじんにょらい》」という仏さまがいらっしゃいます。

私たちは、法身仏や報身仏が如来だと言われれば、一応「なるほど、そうか」とは思いますが、でも、もっと身近かに人間の姿かたちをした「如来」がいてくれたらどんなにいいだろうと願うのではないでしょうか。

そのような望みに応じて現れてくださった仏、それが三つ目の応身如来なのです。私たち衆生から見ると、われわれの求めに応じて現れてくださった如来ですから「応身如来」です。

対して法身仏の側から見れば、衆生が求めていることを理解して、それでは法身仏に成り代わって衆生に差し向けようということで派遣された如来です。これは同じ意味で、上から見たか下から見たかの違いですが、上から、つまり法身仏側から見た場合に、応身仏を「化身仏《けしん》」、あるいは「化身如来」とお呼びすることになるわけです。

実際にどんな応身如来がおいでになるのかといえば、私たち人間と同じ姿かたちをしている仏さまですから、これは釈迦如来お一人です。

もう一度、第一番目の法身仏に話を戻しましょう。法身仏とは宇宙そのものでした。宇宙の真理を指しました。

そのように言われましても、私たちはどうでしょう。姿かたちが見えませんから、手に取るように理解することはできないと思うのではないでしょうか。

ところが、実は見えているのです。山の形、海の広さ、星々、月……そうした天然自然、これらはすべて宇宙なのです。ですから、この目で見ているのです。しかし、それが仏だとは思いにくいのも事実です。いったいどこを向いて手を合わせたらよいのか、ということになってしまいます。

そこで、昔の人たちは考えました。どうしても法身仏のシンボルが必要であると……。宇宙のシンボルが必要だということです。そのとき、最初に、ごく自然に人間の感性に触れてくるのが太陽です。

太陽がなかったらどうでしょう。私たちはとうてい生きていくことができません。作物も育ちませんし、ほかの動物も生きていくことができないでしょう。

大きくて真っ赤に燃える太陽。それは比類ないものです。これを最勝《さいしょう》とも言い、インドの古語では「マハー」と言います。これを音写して「摩訶《まか》」と言うわけですが、摩訶を意訳して「大」という字もあてます。

大きな太陽をそのまま意味どおりに書くと、「大日《だいにち》」となります。「大日如来」のことです。

仏教の一つの流れに「密教《みっきょう》」というものがあります。密教に対して「顕教《けんぎょう》」という流れもあるのですが、ここではそういう二つの流れがあるとだけ押さえておいてください。

その密教のほうでは、法身仏を大日如来と呼びます。それに対して、顕教では同じ仏さまを「毘盧舎那如来《びるしゃなにょらい》」もしくは「毘盧舎那仏」と呼びます。これは、古代のインドの言葉で大きな太陽のことを「バイロチャーナ」と呼んだのですが、そのバイロチャーナを音写して「毘盧舎那」という文字をあてたのです。

先ほど、密教では大日如来と呼ぶと言いましたが、同じように、密教でも「毘盧遮那仏」と呼ぶ場合があります。ところが、この場合「しゃ」という文字が顕教と違ってきます。顕教の場合は「舎」ですが、密教では「遮」という文字をあてます。発音も異なり、密教では毘盧舎那仏を「ヒロシャダフ」と言います。

これは、仏教が渡ってきた時代が中国の漢の時代か呉の時代かで、漢音と呉音の発音の違いが生じたからですが、日本は中国からそのまま輸入したので、いまだに読み方が違うわけです。ですから、毘盧舎那仏、ヒロシャダフ、大日如来という三つの呼び方は、異名同意の仏さまを指しているのです。法身仏は宇宙の真理であり、真如なのですから、二つあってはいけません。毘盧舎那仏だけが法身仏なのです。

ところで、真理でもあり真如でもあるというこの宇宙は、いったいいつから始まったのでしょうか。それを知っている人はいません。ですから、これを始まりがないという意味で「無始」と言います。

一方、宇宙の終わりはいつなのでしょうか。これもわかる人はおりません。ですから、これを終わりがないという意味で「無終」と呼びます。したがって、法身仏を「無始無終」の仏と言います。

次に報身如来のことを考えると、これは仏になられた時点はわかっています。なぜなら、菩薩がその修行の果報で如来となられたのですから、その時点をもって始まりとするわけです。ですから如来としての始まりはあります。したがって、報身如来は「有始」です。

では、終わりはどうでしょう。阿弥陀さまでも薬師如来でも、いつ終わるかこれはだれにもわかりません。こちらは「無終」ですから、二番目の報身如来は「有始無終」の如来ということになります。

三番目の応身如来はどうでしょう。私たち人間と同じお姿をしている仏、生身の体を持った仏さまはお釈迦さましかおられません。お釈迦さまは、誕生になられたときもわかっています。四月八日という月日までわかっています。西暦前五世紀ぐらいのときです。

そして、亡くなられたのもわかっております。ですから、始まりがあって終わりがある仏さまということで、「有始有終」の仏というわけです。

だれでも必ず仏祖になれる

長いわき道をこれで終わり、原典の『修証義』に戻りましょう。「無尽法界《むじんほっかい》」の説明でページを費やしたのでした。この言葉は、「尽きることのない宇宙の真理、真如の世界」という意味だと受け止めてください。

「無尽法界《むじんほっかい》に充満弥綸《じゅうまんみりん》せらん」――難しい言葉が続きます。「無尽法界」はすでに学びました。「充満」は充ち満ちることです。「弥綸」とは弥縫経綸という言葉の略で、繕い修めるという意味から「渡り広がっていく」という意味に変化した言葉です。

もう一度おさらいをしますと、「其功徳法門普《そのくどくほうもんあま》ねく無尽法界《むじんほっかい》に充満弥綸《じゅうまんみりん》せらん」とは、法身仏の教えの功徳は、広大な尽きることのない真理の世界に満ちあふれ、広がっていくということになります。

原文は「哀《あわれ》みを我に分布《ぶんぷ》すべし」と続きます。哀れみを私にも分け与えてくださいということでしょう。ここでは「我」という一人称、単数で述べていますが、ここはむしろ、哀れみを私たち生きとし生けるものに分け与えてほしいと、複数で受け止めるべきところではないかと思います。

だれからの哀れみかといえば、仏さまからです。哀れみとは慈悲のことです。慈悲を強調し、意味合いを深めていうと「哀れみ」という表現になります。ですから、仏さまに対して、どうぞ私たちにお慈悲を分け与えてくださいと言っているのです。

次にすばらしい言葉が続きます。「仏祖の往昔《おうしゃく》は吾等《われら》なり、吾等が当来《とうらい》は仏祖ならん」というのです。仏祖とは仏さまであり、お祖師さま方です。仏教にはいろいろな宗派があります。各宗派のご開祖をお祖師さまと言いますが、それらの各宗派も、最終的にはすべて仏教という大きな川の流れに集められていきます。

源流から流れ下った川がいろいろな支流を作って大地を潤し、やがてそれらの支流は仏教という大海に一つとなって注ぐのです。それらの支流をお作りになったお祖師さまも、仏です。合わせて「仏祖」と言います。

その仏祖たちの往昔、大昔の姿は、私たちと同じだったというのです。私たち衆生と同じだったというのです。すばらしい言葉だと思います。

そしてさらに、「吾等が当来《とうらい》は仏祖ならん」と、もう一度語気を強めて言います。私たち生きとし生けるものの当来、もともとは、仏だったではないかと強く訴えているのです。

つまり、私たち一人ひとりは、その昔は仏だったたし、仏祖たちは私たちと同じ衆生だったと言い、だれでもが仏になれるのだという信念を表明しているのだと思います。私は、ここは涙が出るほどにすばらしい一句だと思っています。必ずこの身は仏祖と同じになるのだという、道元禅師の強い信心が激しく現れているところです。

ここまでを一区切りといたしましょう。

悔い改めれば救われる

次に短い経文が出てまいります。「懺悔《さんげ》の文」もしくは「懺悔文《さんげもん》」と言います。キリスト教では懺悔《ざんげ》と「さ」に濁音がつきますが、仏教では濁音がつきません。清音で「懺悔《さんげ》」と言います。また、「の」が入る宗派と「の」が入らない宗派があるようです。

『修証義』には、本文にその「懺悔文」が挿入されているわけです。

我昔所造諸悪業《がしやくしよぞうしよあくごう》、皆由無始貪瞋癡《かいゆうむしとんじんち》、従 身口意之所生《じゆうしんくいししよしよう》、一切我今皆懺悔《いつさいがこんかいさんげ》、

ここに『臨済宗 信行 教 典《りんざいしゆうしんぎようきようてん》』（鎌倉新書発行・竹中玄鼎《たけなかげんてい》著）という和訓がありますので、

引用させていただきます。

我《われ》、昔《むかし》より造《つく》りし所《ところ》の諸《もろもろ》の悪業《あくごう》は無始《むし》よりの貪《とん》・瞋《じん》・癡《ち》に由《よ》る、身《しん》・口《く》・意《い》従《よ》り生ずる所なり。一切、我、今、皆懺悔《みなさんげ》したてまつる。

これが和訓です。さらに、同書には現代語訳が出ておりますので、大変失礼とは存じますが、お断りのうえ同じように引用させていただきます。

私が昔からおこなったいろいろの悪い行為は、みな、はかり知れぬ過去からの「むさぼりと、いかりと、ぐち」（三毒という）とに由来するものです。それは「体と口と心」（三業《さんごう》という）より生ずるところです。それらを、私は、いまこそ、すべてこころから懺悔《さんげ》いたします。

さらにくだいて読みますと、私が昔から行ったいろいろの悪い行為は、皆、計り知れない過去からの、貪《むさぼ》りと、怒りと、愚痴《ぐち》の三毒《さんどく》というものに由来するものです。

それは、体と口と心の三業《さんごう》というものより生ずるところです。それらを、私は今こそすべて心から懺悔いたします。

これが「懺悔文」という短い経文です。『修証義』は「懺悔文」にこう続けます。

是《かく》の如く懺悔すれば必ず仏祖の冥助《みようじよ》あるなり、心念身儀発露白仏《しんねんしんぎほつろびやくぶつ》すべし、発露《ほつろ》の力《ちから》罪根《ざいこん》をして銷殞《しょういん》せしむるなり。

「懺悔文」にあるように、このように懺悔すれば、悔い改めれば、あるいは心を洗い清めれば、必ず仏祖の冥助、つまり仏祖の助けをたまわると言っているのです。

「心念身儀発露白仏《しんねんしんぎほつろびやくぶつ》すべし、発露《ほつろ》の力《ちから》罪根《ざいこん》をして銷殞《しょういん》せしむるなり」、これも難しい言葉です。「心念身儀発露白仏《しんねんしんぎほつろびやくぶつ》すべし」とは、心に清らかな信心の念を起こし、私たちのこの身で仏さまを礼拝する。そういう儀、儀式の儀ですから、三拝九拝し、心から念ずる気持ちを持ちなさいということです。そして「発露《ほつろ》」、口にすべての罪過をあばき現しなさいと言っています。

つまり、身で三拝九拝し、口で真実を告白し、意で清らかな信心を起こしなさいということです。身と口と心は、仏教では「身口意《しんくい》の三業《さんごう》」と言い、自分の全存在をかけた行為を意味します。ですから、自分のすべてをもって仏さまに告白するのです。

真心から仏さまを信じ、信心の心から自分のすべての罪過をあばき現して仏さまに告白すれば、「発露《ほつろ》の力《ちから》」、その現れるところの力は、すべからく罪の根を銷殞せしむると言います。「銷殞」とは、金をも溶かすようにしてすべてを溶かし、なくしてしまうという意味です。

それが「心念身儀《しんねんしんぎ》発露《ほつろ》白《びゃく》 仏《ぶつ》すべし、発露《ほつろ》の力《ちから》 罪根《ざいこん》をして銷殞《しょういん》せしむるなり」という言葉の大意です。

ここまでが第二章なのですが、私はここで、自分が少し説明不足だった点に気がつきました。それは、「懺悔文」に出てくる「貪《とん》・瞋《じん》・癡《ち》」という言葉についてです。最後に、これについてもう少々触れてみたいと思います。

現代語訳では、「貪《むさぼ》りと、怒りと、愚痴《ぐち》」と説明されていました。貪りの心、怒りの心、そして愚かなる心、愚痴とに由来するんだということで、これを三つの毒、「三毒」であると言いました。

では、三毒とはいったいどこから生じてくるのでしょう。それは、「煩悩《ぼんのう》」というものが作り出すのです。その煩悩のよってきたるところが「貪・瞋・癡」なのですが、それは私たちのどこから出てくるのでしょうか。

それはほかでもありません、私たちの体と言葉と心、前述の「身口意の三業」と呼ばれるはたらきから出てくるのだというのです。ですから、身口意の三業を清めれば三毒も出てこないということになります。

私たちは、ことさらに悪い行為をしようと思って生活することはまずありません。普通の生き方をしているわけです。しかし、意識するかしないかにかかわらず、いつの間にか私たちは過ちを犯しているものです。

そのことを素直に認め、「懺悔文」をお唱えしてきれいな心になりましょう。非常に大事なことだと思います。

第三章

受戒入位《じゅかいにゅうい》——戒を受けて仏となる

三宝《さんぼう》を敬うことのたいせつさ

第三章のタイトルは、「受戒入位《じゆかいにゆうい》」です。「受戒」とは、仏さまの定めた戒律を受け、仏さまの仲間入りをすることです。そして戒律とは、私たち仏教を信心する者が守らなくてはならないルールのことを言います。

次の「入位」とは何でしょう。「位に入る」と書きますが、これはどの位に入るのかと言いますと、仏さまの位に入れていただくのです。ただし、相当端っこのほうです。

受戒の儀式のとき、「位《くらい》大覚《だいがく》に同じうし已《おわ》る」という言葉が発せられますが、これは「位を大きな悟りを開いた仏と同じにし終わった」という意味です。

そのように、仏さまの仲間入りをすることが受戒の持つ大きな意味なのですが、「もう仲間入りをした」のではなく、「仲間入りをさせていただく道に入った」と受け止めてください。

整理しますと、戒律を受け、仏の端っこの位に仲間入りさせていただきます。そのための道をここに説きますというのが「受戒入位」の章の主旨といえるでしょう。

その第三章「受戒入位」の本文に入ります。

次には深く仏法僧《ぶっぽうそう》の三宝を敬《うやま》い奉《たてまつ》るべし、生《しょう》を易《か》え身を易えても三宝を供養し敬い奉らんことを願うべし、西天東土《さいてんとうど》仏祖《ぶっそ》正伝《しょうでん》する所は恭敬《くぎょう》仏法僧なり。

まず「次には」とありますが、これは第一章、第二章と道元禅師《どうげんぜんじ》がお説きになってこられたことを受けて、それらを実践していく。そして、実践できるようになったらその「次には」という意味なのです。ここまで読んできたから「はい、次」というような、軽い意味の「次」ではありません。第一章、第二章に書かれていることを理屈で知るのではなく、自分の体全体で、毛穴の一つひとつから教えをしっかりと吸収して身につけ、それを実践していく。それが学ぶということであり修行なのですが、そういうことが実践できてからの「次には」という言葉なのですから、その重さを認識していただきたいと思います。

「次には深く仏法僧《ぶっぽうそう》の三宝を敬《うやま》い奉《たてまつ》るべし」とあります。「深く」は当然深い浅いの「深く」ですから、今までの意味を理解したうえで、しかも、強く曲がることなく突き進むようにと述べておられるのです。このことを、よくお釈迦さまは「サイの角のように」と経典のなかで表現なさっています。

力強く、「仏法僧《ぶっぽうそう》の三宝を敬《うやま》い奉《たてまつ》るべし」と言っているわけですが、ここで「三宝」、つまり「仏法僧」のことを知らねばなりません。「仏法僧」はよく「宝」を付され、「仏《ぶっ》宝《ぽう》・法宝《ほうぼう》・僧宝《そうぼう》」とも呼ばれます。ですから三つの宝ということで「三宝」とも言われるのですが、それではどうして仏法僧が宝なのでしょうか。それは、実はあとで原文のなかに出てまいりますので、ここでは予備的に述べておきます。

仏宝とは、仏さまそのものと受け止めてください。そして法宝とは、仏さまの「教え」と受け取ってください。そして僧宝、これはお坊さんの僧という字があてられていますが、決して僧侶だけを意味するわけではありません。ここがいちばん間違えられやすいところです。

これを僧侶だけと解釈すると、「お坊さんたちは自分に都合のいいことばかり言って、自分を敬えと言っているのではないか」と誤解されてしまいそうです。しかし、そうではありません。

仏そのものと、仏の説かれた教え、これが仏宝と法宝ですが、その尊い二つの宝物を、信心してのちの世に伝えていかなければなりません。それが私たち仏教者の「集い」です。その「集い」を、初期の仏教では「僧伽《サンガ》」と言いました。

僧伽はインドの古語である「サンガ」を音写した言葉なのですが、広義では教団を表し、さらにもっと大きな意味では、仏そのものと仏の説かれた教えの二つを深く信心し、実践して後の世に伝える人々という意味なのです。

以上の三つが三宝です。この三宝を敬いなさいと言っているのですが、ではどのように敬うのか。それが次に原文に出てまいります。「生《しょう》を易《か》え身を易えても三宝を供養し敬い奉らんことを願うべし」というところです。

ここで、「帰依《きえ》」ということについて考えてみたいと思います。帰依とは、インドの言葉で「ナマス」と言います。それを漢字で音写して、「南無《なむ》」と書きます。「南無阿弥陀《なむあみだ》仏《ぶつ》」とか「南無《なむ》釈迦《しゃか》如来《にょらい》」というときの「南無」です。これは「帰依」、「帰命《きみょう》」などと訳されますが、身を投げ捨てて心から信じ、従うことです。ですから、「捨身《しゃしん》」、「捨命《しゃみょう》」などとも言われます。このように考えますと、帰依はそう簡単にできるものではありません。相当覚悟がいることなのです。

仏さまに帰依し、そのお弟子の一人として道を行じるのが仏教者のあり方です。その際、仏さまの戒律を受け、それを守ればそのまま仏の位に入ると言いました。そうなったとき、それはそのまま仏の風光になれたといえるでしょう。仏の風光とは、何の差し障りもないことです。これを「無礙《むげ》」とも言います。自由ということです。

何の差し障りもなく自由になること。こだわりのないこと。そういう境涯にたゆたうように生きていくこと。そのような生きざまを「遊戯《ゆげ》」と言います。遊び戯れると書きますが、これは遊びほうけることではありません。

何の差し障りもなく、自由に、こだわりなく生きることです。そして、そのようになるには、「生《しょう》を易《か》え身を易えても三宝を供養し敬い奉らんことを願うべし」と言います。どのように生まれ変わり、どんな身に生まれ変わっても、三宝を供養し、敬おうと願うべきだというのです。

これは当然ですね。仏さまのお力でお弟子の端に加えていただき、自由の境涯をいただくのですから、仏さまを敬い奉るのは当然のことだと思います。

次に原文は、「西天東土《さいてんとうど》仏祖《ぶっそ》正伝《しょうでん》する所は恭敬《くぎょう》仏法僧なり」と続きます。西天東土、西の空から東の天地にいらっしゃった仏祖は、ここでは達磨《だるま》大師《だいし》です。西天、西の空とはインドのことです。インドから中国に渡られた禅宗《ぜんしゅう》のお祖師さまである達磨さん、達磨大師のことを取り上げているのです。達磨大師は、お釈迦さまから数えて二十八代目にあたる禅宗の開祖です。

達磨さんは西の空より中国という東の国に来たのですが、何のために来たのでしょうか。それは、正しい仏教を伝えるためです。正しい仏教を「正伝《しょうでん》」と言いますが、それが意味するのは「恭敬《くぎょう》仏法僧」だと言っています。

仏法僧という三宝を敬うことを伝えに、わざわざインドから中国にやって来たというのです。それほどに三宝を敬うことは大事なのです。

帰依《きえ》の効用

若し薄福少徳《はくふくしょうとく》の衆生は三宝の名字《みょうじ》猶《な》お聞き奉らざるなり、

これまで述べてきたように、仏さまの戒律を受ければ、自分もそのまま仏そのものとなり、その境涯、境地、風光というものが、何の障りもなく、自由でこだわりのないものとなります。

逆に、もし「若し薄福少徳《はくふくしょうとく》の衆生」、つまり福が薄く徳の少ない人々がいるとすれば、その人々は三宝の名前をまだ聞いていないからだと言っているわけです。

ここで「三宝の名字《みょうじ》」と言っていますが、この場合は姓名の名字という意味とは少々異なり、三宝の名という意味合いにとらえればいいでしょう。
仏さまとその教え、それからその実践・伝承者である僧伽《サンガ》の存在をいまだに信じることができないという意味です。「猶《な》お聞き奉らざるなり」と言うのですから、その存在を肯定的にとらえていないのです。当然そこには「信心」というものがありません。そういう人たちだからこそ、「薄福少徳」、福は薄く、徳も少ないという人生を送っているのではないのか。道元禅師はこのようにお説きになっておられるのです。

何《いか》に況《いわん》や帰依し奉ることを得んや、

それではどのようにして仏さまに帰依するのか。帰依するとはこの身を投げ捨てること、「捨身《しゃしん》」でした。この身を捨てるつもりで仏を信じ切っていく、どうすればそれができるのかということが述べられています。

徒《いたず》らに所逼《しょひつ》を怖《おそ》れて山神鬼神《さんじんきじん》等に帰依し、或は外道《げどう》の制多《せいた》に帰依すること勿《なか》れ、

このように道元禅師はお説きになり、注意を促しています。「徒《いたず》らに所逼《しょひつ》を怖《おそ》れて」と言うのですから、怒りに触れるのではないかなどと脅え、災いを被るのではないかなどと心配し、罰があたるのではないかなどと恐れて、ということです。

「山神鬼神《さんじんきじん》」という言葉は、この場合あまりよい意味には使われておりません。同じ神でも鬼の神ですから、「邪魔《じゃま》、外道《げどう》」ということになります。「外道」とは、仏教以外の誤った教えを祀っている神さまと言っていいと思います。

いたずらに障りを恐れてそのような山神鬼神に帰依し、「或は外道《げどう》の制多《せいた》に帰依すること勿《なか》れ」、そうした外道に帰依したりしてはいけないと注意を促しているのです。

世のなかには信じていいものと信じてはいけないものとがあります。そこをはっきりと押さえておかないと、大きな間違いを犯し、その間違いがひいては社会問題にまで発展することがあります。特に宗教というのは、道を間違えるととんでもないところへいってしまうということを、私たちは肝に命じておく必要があるのではないでしょうか。

そのような例を今ここに述べる必要はないと思いますが、ニュースなどでよく耳にいたします。そのたびに、私は先の文言を思い起こします。
次に進みましょう。

彼は其《その》帰依に因りて衆苦《しゅく》を解脱すること無し、

彼とは山神鬼神、あるいは外道に帰依したものです。その帰依によって、彼らがもろもろの苦から解き放たれることはないと言っているわけです。ここまで言われますと、いかに肝の太い人でも、山神鬼神、あるいは外道に帰依することはよもやないのではないかと思いたいところです。
そういう人たちに対して、道元禅師は、次のようにアドバイスを送っています。

早く仏法僧の三宝に帰依し奉りて、衆苦を解脱するのみに非ず菩提を成 就《じょうじゅう》すべし。

早く仏法僧の三宝に帰依しなさい。そうすればもろもろの苦を解脱するだけではなく、菩提を成就することができるというのですが、ここがたいせつなところだと思います。

菩提とは、「菩薩」のところで出てきた「ボーディ・サットヴァ」の「ボーディ」を音写した言葉です。ひらたく言えば悟りということです。人間のあるべき姿をあるようにして生活していくこと、正しい姿を成就できること、それが菩提だと説かれております。

三つの宝への帰依

其《その》帰依三宝とは正《まさ》に浄信《じょうしん》を専らにして、或は如来現在世《にょらいげんざいせ》にもあれ、或は如来滅後《にょらいめつご》にもあれ、合掌《がっしょう》し低頭《ていず》して口に唱えて云《いわ》く、南無帰依仏《なむきえぶつ》、南無帰依法《なむきえほう》、南無帰依僧《なむきえそう》、仏《ほとけ》は是れ大師なるが故に帰依す、法は良薬なるが故に帰依す、僧は勝友《しょうゆう》なるが故に帰依す、

ここの句読点は、点で終わっています。丸ではありません。ですから文節としては半ばなのですが、さらにいくと長くなりすぎるので、ここで区切って見ていきたいと思います。

その帰依のしかたとは、まず三宝に清らかな心をささげるとしています。そして、如来が現存しておられるときも、あるいは如来が涅槃《ねはん》に入られたあとも、ということは、つまりここで言っているのは、今も昔も変わることなくという意味です。変わることなく三宝に次のように帰依しなさいというわけです。

まずその方法としては、左右の手のひらを合わせて合掌し、低頭、頭を下げます。低頭は「ていとう」とも読みますが、ここでは「ていず」と言っています。合掌して低頭し、口に「南無帰依仏《なむきえぶつ》、南無帰依法《なむきえほう》、南無帰依僧《なむきえそう》」と三宝に帰依する言葉を発するのです。

これは非常にたいせつなことです。なぜ南無帰依仏、南無帰依法、南無帰依僧なのか、仏法僧に帰依するのか、仏法僧とは何なのかという問題は、前に「あとで原文のなかに出てまいります」と言ったとおり、ここに登場してまいります。

それは、原文を一読すればわかります。「仏《ほとけ》は是れ大師なるが故に帰依す」、仏はすなわち大師、大先生、最上の師匠であるが故に、信心帰依するのだと言います。法宝、これは良薬、とてもためになる薬であるが故に帰依するのだと。そして僧、これはくどいようですが、僧侶だけを指す言葉ではありません。仏宝、法宝の二つを信心し、守り、後の世に伝えていき、世のなかが少しでもよくなるように救世《くせ》の行、菩薩行を行っていく人々の集い、それを僧と言います。

その僧は勝友《しょうゆう》、これ以上優れた友はない、すばらしい友であるが故に帰依、信心の心を持つのだと言い、明解に三宝に対して帰依すべき理由を述べておられます。これはすばらしい答えだと思います。

次に進みましょう。


仏弟子となること必ず三帰に依《よ》る、何《いず》れの戒を受くるも必ず三帰を受けて其後《そののち》諸戒《しょかい》を受くるなり、然《しか》あれば則ち三帰に依りて得戒《とくかい》あるなり。


私たちはすでに、人間の身に生まれてくることは非常にまれなことであり、さらにそのうえに、会い難き仏法に出会っているのだということを学んでいます。ましてや、その仏さまのお弟子にさせていただくのですから、それにはまず必ず三帰《さんき》によりなさいと説かれています。

では、「三帰」とはどういう意味でしょう。それを説明するために、ここに「三帰依文《さんきえもん》」、あるいは「三帰戒《さんきかい》」と呼ばれる短い経典がございますので、それを紹介することにいたしましょう。

南無帰依仏《なむきえぶつ》　南無帰依法《なむきえほう》　南無帰依僧《なむきえそう》　帰依仏無上尊《きえぶつむじょうそん》　帰依法離欲尊《きえほうりよくそん》　帰依僧和合尊《きえそうわごうそん》
帰依仏竟《きえぶつきょう》　帰依法竟《きえほうきょう》　帰依僧竟《きえそうきょう》。
如来至真等正《にょらいししんとうしょう》覚《がく》。是我大師我今帰依《ぜがだいしがこんきえ》。
従《じゅう》今以往称《こんいおうしょう》仏為師《ぶついし》。更不帰依邪魔外道《こうふきえじゃまげどう》。
慈愍故《じみんこ》。慈愍故《じみんこ》。大慈愍故《だいじみんこ》。

この経典は、三回お唱えするのが口伝になっています。全文を三回読み、一回目は、「慈愍故《じみんこ》」で冒頭に戻り、二回目は「慈愍故《じみんこ》。慈愍故《じみんこ》」で頭に戻り、三回目で「慈愍故《じみんこ》。慈愍故《じみんこ》。大慈愍故《だいじみんこ》」と唱えて終わります。

まず「南無帰依仏《なむきえぶつ》」と始まります。前述のように、「南無《なむ》」も「帰依《きえ》」も同じことなのですが、言葉の雰囲気から「南無帰依仏」と言っているのでしょう。仏に帰依し奉るということです。「南無帰依法《なむきえほう》」は教えに帰依し奉る。そして「南無帰依僧《なむきえそう》」は、僧に帰依し奉るという意味です。

どのように帰依するのかと言いますと、まず「帰依仏無上尊《きえぶつむじようそん》」と言っています。これは無上最高の仏に帰依するという意味で、みずから自己の「仏性《ぶつしよう》」に帰依することをも意味しています。

心のわずかな動きのなかにも、愚かな気持ちが起こらず、非常に意志堅固に仏法僧の三宝に帰依していこうという純粋な気持ちは、もともと人がそれぞれ本来持っているものです。みんなが仏さまになる可能性を持っているのです。それを仏性と言います。

ですから、まず自己の仏性、自分のなかにある仏に帰依する。それは無上最高の仏に帰依するという意味でもあり、そのことを「帰依仏無上尊」と言っているのです。

さらに「帰依法離欲尊《きえほうりよくそん》」とは、みずからの心の本性に帰依して欲望や誤った考えがなくなったときに、これを煩悩を離れた状態と言いますが、修行者がいちばん苦労するのがこの状態に至ること、つまり煩悩からどうやって離れるかということだと言ってもいいと思います。ですから、その煩悩を離れたもっとも尊い教えに帰依するということで「帰依法離欲尊」と言うのです。

さらに、みずから仏の大悲《だいひ》の心、大悲とは慈悲のことですが、その大悲の心によって自己と他己との差別を取り払い、すべての人々と仲よく和合する集い、あるいはそうしたことを目ざす僧の集いに帰依いたしますというのが「帰依僧和合尊《きえそうわごうそん》」ということです。

そして「如来至真等正覚《にょらいしんとうしょうがく》」という言葉がきます。これは如来の達せられた最高の悟りを「正覚《しょうがく》」と言いますが、その最高の悟りに達せられた如来に対して、これぞわがおおいなる師、私は今心よりその師である仏に帰依し奉りますと言っているのです。

今より後は、仏さまをはるかに奉ってこれを師となし、さらに決して邪魔《じゃま》、外道《げどう》に帰依するようなことはいたしません。ですから、慈悲憐愍《じひれんみん》の故に、仏の慈悲、憐《あわ》れみをかけてくださる慈心がそこにあるが故に、そのようにいたします。そのような内容であると理解していただいていいのではないかと思います。

さて、『修証義』に戻りましょう。引き続いて原文は、「仏弟子となること必ず三帰に依《よ》る」と言い、そして「何《いず》れの戒を受くるも必ず三帰を受けて其後諸戒《そののちしょかい》を受くるなり」と続いています。

ひと口に戒律と言っても、非常に多くのものがあります。お釈迦さまの在世の時代に近い修行僧たちは、五百戒を受けたと言います。五百もの戒律など、とても私には守ることができません。

戒律の数というのは、それこそ数知れずあるわけですけれども、そうしたいずれの戒を受ける場合にも、必ずまず三帰を受けて後に諸戒を受けなさいと説かれています。

然《しか》あれば則ち三帰に依りて得戒《とくかい》あるなり。

そのようにすれば、すなわち三帰というものによって、もろもろの戒を得ることが可能になるのだと言っているわけです。

感応道交

此帰依仏法僧《このきえぶっぽうそう》の功徳、必ず感応道交《かんのうどうこう》するとき成就《じょうじゅう》するなり、設《たと》い天上人間地獄鬼畜なりと雖も、感応道交すれば必ず帰依し奉るなり、已に帰依し奉るが如きは生生《しょうしょう》世世在在処処《せざいざいしょしょ》に増長し、必ず積功累徳《しゃっくるいとく》し、阿耨多羅三藐三菩提《あのくたらさんみゃくさんぼだい》を成就《じょうじゅう》するなり、知るべし三帰の功徳其れ最尊最上《さいそんさいじょう》甚深《じんじん》不可思議なりということ、世尊《せそん》已《すで》に証明《しょうみょう》しまします、衆生《しゅじょう》当《まさ》に信受すべし。

「此帰依仏法僧《このきえぶっぽうそう》の功徳」の「この」とは、これまでに述べてきた仏法僧三宝への帰依、南無です。その功徳は必ず感応道交するときに成就すると言っているわけです。成就するとは、ものごとが成功するということで、仏法僧の功徳がめでたく成就するということですが、ここに一つ難しい言葉が出てきます。

「感応道交《かんのうどうこう》するとき」の「感応道交」という四つの文字です。最近では無線機とか電話とか、そういう電波による通信手段が増えていますが、それらはこちらから信号を送ると受け手がレシーブし、そして通じ合うわけです。「感応道交」とはこれと同じことで、こちらから何かを送信すれば答え、互いに溶け合い、不可思議に通じ合うことです。

何が通じ合うのかといえば、前文の主語である「此帰依仏法僧《このきえぶっぽうそう》の功徳」です。それは仏と通じ合うと言ってもいいと思いますが、私たちと仏とが、帰依仏法僧、三宝に帰依することによって必ず通じ合うことができるのだと言っているのです。

続いて「設《たと》い天上人間地獄鬼畜なりと雖《いえど》も」とあります。天上というのは天上界のことです。第二章で学んだ「十界《じっかい》」を思い出していただきたいと思います。私たち衆生《しゅじょう》が生まれ変わり死に変わりする世界は、天上《てんじょう》界《かい》、人間界、修羅《しゅら》界《かい》、畜生《ちくしょう》（動物）界《かい》、餓鬼《がき》界《かい》、地獄界という六道《ろくどう》でした。このなかの下の三つの世界を三悪道《さんあくどう》、または三悪趣《さんあくしゅ》と言い、そしてさらに、上には天上界、人間界、修羅界の三つがあったわけです。

そのように生死輪廻《しょうじりんね》する六道のものたちであっても、仏との道が通じ合う、つまり「感応道交」するというのです。必ず帰依し奉るならそのようになる、あるいは逆に言えば、そのように通じ合えば必ず帰依するようになると述べているのがここの一節です。

この「感応道交」とは、どのように通じるのでしょうか。それは、個別的、個性的なものであると言わざるをえません。これぱかりは私がここでいかに口をすっぱくして力説してみても、実体験として味わってみなければだれにもわかりようのないことだと思います。それは、仏さまの前に座って懸命に祈ることであったり、経典を唱えることであったり、あるいは坐禅をすることで感じることができるのかもしれません。しかし、その前にしなければならないことは、三宝に帰依することです。三帰によって初めて、この世に仏はあるのだと痛感することができ、通じ合うことができるのです。

ものごとというのは、信じてみて初めて相手に気持ちが通じるものです。ですから、身を投げ捨てて心から信じることができて初めて、「こういう通じ方をするのだな」ということが各人の個性に応じた形で現れ、理解できるのだと思います。

このことは、文字面や言葉だけでどうなるものではありません。自分で体験しなければわからないのです。そこが哲学や思想と、宗教の違いだと思います。哲学・思想と宗教との間には、ひとつの境界があります。それが信仰です。

そして信仰には、必ず実践が加わります。実際にやってみることが加わるのです。ですから、いくら文字を読んでも、実際に自分が三宝に帰依しなければ、私がここで述べている「感応道交」という不思議な通じ合いが理解できるはずはないのです。

経典は続いて、「已に帰依し奉るが如きは生生世世《しょうしょうせせ》在在処処《ざいざいしょしょ》に増長し」と言っています。これは、すでに三宝に帰依して感応道交し、仏の道に入ることができたぞという結果は、「生生世世在在処処」ですから、ありとあらゆるところで増え続けているというのです。

次に、「必ず積功累徳《しゃっくるいとく》し」とあります。功を積み、徳を累積するということです。すでに帰依を終わった人は、あらゆるところで功徳が累積し、あらゆるところで増え続けていくのだといい、その至福の様子が述べられています。

その結果はどういうことかというと、「阿耨多羅三藐三菩提《あのくたらさんみゃくさんぼだい》を成就《じょうじゅう》するなり」と言っています。「阿耨多羅三藐三菩提《あのくたらさんみゃくさんぼだい》」とはこれまた難しい言葉ですが、これはインドの古語である「アヌッタラ・サンミャク・サンボーディ」の音写なのです。「無上正遍知《むじょうしょうへんち》」とか

「無上等正覚《むじょうとうしょうがく》」と訳されたりしていますが、このうえない悟りということです。そのこのうえない仏の悟りをも成就すると説かれているわけです。

次いで、「知るべし三帰の功徳」とあります。三帰の功徳というものをよくよく熟知しなさいということです。どのように熟知すればいいのかといえば、「其れ最尊最上甚深《さいそんさいじょうじんじん》不可思議なりということ」と言っています。もっとも尊く、このうえないことであり、いかにも深々としたことであり、不可思議なことであると熟知しなさいというのです。

そしてそのことは、「世尊《せそん》已《すで》に証明《しょうみょう》しまします」、世尊とはお釈迦さまのことですから、お釈迦さまが証明しているではないかと言っているわけです。

お釈迦さまには、大変多くの呼び名があります。ブッダ、シッダールタ、世尊《せそん》、釈迦牟尼《しゃかむに》、釈尊《しゃくそん》、そのようにいろいろに呼ばれます。経典では世尊という呼び方が多く、世尊という場合はお釈迦さまを指しているわけです。ここでは、その世尊がすでに証明しているではないかと言い、そのことを「衆生《しゅじょう》当《まさ》に信受すべし」と踏み込んでいます。

衆生、生きとし生けるものたちよ、このとおりに間違いがないのであるから、信じて、心身ともに受け取りなさいと言っているのです。

清らかな戒律

次には応《まさ》に三聚浄戒《さんじゅじょうかい》を受け奉るべし、第一摂律儀戒《しょうりつぎかい》、第二摂善法戒《しょうぜんぽうかい》、第三摂衆生戒《しょうしゅじょうかい》なり、次には応《まさ》に十重禁戒《じゅうじゅうきんかい》を受け奉るべし、第一不殺生戒《ふせっしょうかい》、第二不偸盗戒《ふちゅうとうかい》、第三不邪淫戒《ふじゃいんかい》、第四不妄語戒《ふもうごかい》、第五不酤酒戒《ふこしゅかい》、第六不説過戒《ふせっかかい》、第七不自讃毀佗戒《ふじさんきたかい》、第八不慳法財戒《ふけんぼうざいかい》、第九不瞋恚戒《ふしんにかい》、第十不謗三宝戒《ふぼうさんぼうかい》なり、上来三帰《じょうらいさんき》、三聚浄戒《さんじゅじょうかい》、十重禁戒《じゅうじゅうきんかい》、是れ諸仏の受持《じゅじ》したもう所なり。

この節は長いので、前半部と後半部に分けて説明する必要があろうかと思います。いや、長いだけではなく、ここでは戒律を取り上げ、三聚浄戒《さんじゅじょうかい》と十重禁戒《じゅうじゅうきんかい》という重要な二つの戒について述べてあるからなのです。

初めに、三聚浄戒について学んでいきましょう。

経典は、ここでも「次には」で始まっています。前と同じように、この「次には」とは、これまでのことをすべて実行し、実践してきたならばということです。ですから、前に述べたことをなおざりにして次に進むわけにはいきません。そう、順序を踏んでやっていくのが間違いのないことです。階段をいちばん下からいちばん上に飛び上がることはできません。一段一段上っていくほかはないのです。

ましてや、仏の道にはエスカレーターとかエレベーターのような便利なものはありませんので、自分の身《しん》・口《く》・意《い》、つまり体と言葉と心を賭して、一段一段を上っていくほかはないのです。

その階段とは、「応《まさ》に三聚浄戒《さんじゅじょうかい》を受け奉るべし」ということです。三聚浄戒という戒律を受けなさいと言っているのです。

では、「三聚浄戒」というものはどういうものかと言いますと、「第一摂律儀戒《しょうりつぎかい》、第二摂善法戒《しょうぜんぽうかい》、第三摂衆生戒《しょうしゅじょうかい》なり」というこの三つのことです。三聚浄戒とは、三つの清いものが集まっている戒律という意味です。

まず一つ目は「第一摂律儀戒《しょうりつぎかい》」、清浄の心をもって一切の悪事をなさない。不善をなさない。そのことを仏さまに誓うということです。この誓いを誓願《せいがん》と言います。

二つ目の「第二摂善法戒《しょうぜんぽうかい》」は、同じく清浄なる心をもって、一切の善行に励むことを誓うという戒です。

三つ目の「第三摂衆生戒《しょうしゅじょうかい》」は、同じく清い心をもって、長くこの世のために尽くすべきことを誓うという戒です。

悪事をなさない、善行に励む、そして長く世のために尽くすということの三つを清い心をもって行うこと。そのことを仏さまに誓うこと。それが三聚浄戒です。

前にも出ましたが、『法句経《ほっくぎょう》』という経典では次のように言います。

諸悪莫作《しょあくまくさ》
衆善奉行《しゅぜんぶぎょう》

自浄其意《じじょうごい》
是諸仏教《ぜしょぶつきょう》

第一章でこの経典は「七仏通戒偈《しちぶつつうかいげ》」と紹介しましたが、原典は『法句経』という経典の一節なのです。

「諸悪莫作《しょあくまくさ》」とは、もろもろの悪をなすなということ。「衆善奉行《しゅぜんぶぎょう》」とは、もろもろのよきことを行えということ。「自浄其意《じじょうごい》」とは、そうすればみずからその心が清まっていくということ。「是諸仏教《ぜしょぶつきょう》」とは、それこそがもろもろの仏の教えであるということです。

この経典と三聚浄戒には、大変相通ずるものがあるのではないかと思います。

さて、その三聚浄戒の戒律を受けました。そしてそれを実践すると仏さまにお誓いを立てました。そうしたならば次には、「応《まさ》に十重禁戒《じゅうじゅうきんかい》を受け奉るべし」とあります。

これは、大変に重く受け止めなければならない十の禁戒、このようなことを行ってはならないと禁じられた厳しい十の戒律ということです。

その十の戒律というのは、前述の経文にあるように、「第一不殺生戒《ふせっしょうかい》」から始まって、

「第十不《ふ》謗三宝《ぼうさんぼう》戒《かい》」までの十戒のことです。

その一つひとつを見ていくと、次のようになります。

第一不《ふ》殺生《せっしょう》 戒《かい》、これは、命あるものをことさらに殺してはいけないということです。

第二不《ふ》偸《ちゅう》 盗《とう》戒《かい》、自分に与えられていないものを手にしてはいけないということです。

第三不《ふ》邪淫《じゃいん》戒《かい》、道ならざる愛欲を犯してはならないということです。

第四不《ふ》妄語《もうご》戒《かい》、偽りの言葉を口にするなということです。

第五不《ふ》酤酒《こしゅ》戒《かい》、酒におぼれて生活を壊してはならないということです。

第六不《ふ》説過《せっか》戒《かい》、他人の過ちをことさらに責め立ててはならないということです。

第七不《ふ》自讃毀佗《じさんきた》戒《かい》、自分を誇り、つまり自慢をして人を傷つけてはならないということです。

第八不《ふ》慳法財《けんほうざい》戒《かい》、物でも心でも、施すということを惜しんではならないということです。最近ではシェアなどと言われますが、分け合うということです。

第九不《ふ》瞋恚《しんに》戒《かい》、怒りにこの身を燃やして、みずからを見失うようなことをしてはならないということです。

第十不謗三宝戒《ふぼうさんぼうかい》、仏法僧の三宝をそしり、不信心の念を起こしてはならないということです。

以上が十重禁戒です。

原文に戻りましょう。「上来三帰《じょうらいさんき》、三聚浄戒《さんじゅじょうかい》、十重禁戒《じゅうじゅうきんかい》、是れ諸仏の受持《じゅじ》したもう所なり」とあります。

三聚浄戒や十重禁戒というものは、もともと「上来」、諸仏がたいせつに受持し、堅持し、自分で実践をしている戒であり、三宝に帰依する信心から生まれたものだということを言っているわけです。

受戒の功徳

受戒するが如きは、三世《さんぜ》の諸仏の所証《しょしょう》なる阿耨多羅三藐三菩提《あのくたらさんみゃくさんぼだい》金剛不壊《こんごうふえ》の仏果《ぶつか》を証するなり、誰《たれ》の智人《ちにん》か欣求《ごんぐ》せざらん、世尊《せそん》明《あき》らかに一切衆生《いっさいしゅじょう》の為《ため》に示しまします、衆生仏戒を受くれば、即ち諸仏《しょぶつ》の位《くらい》に入《い》る、位《くらい》大覚《だいがく》に同うし已《おわ》る、真《まこと》に是れ諸仏の子《みこ》なりと。

「三世《さんぜ》」とは、第一章でも触れたとおり、過去世《かこせ》、現在世《げんざいせ》、未来世《みらいせ》のことで、時間のすべてです。ですから、過去仏、現在仏、未来仏のすべての仏を「三世の諸仏」と言います。三帰し、三聚浄戒《さんじゅじょうかい》、十重禁戒《じゅうじゅうきんかい》という戒律を受戒すれば、三世の諸仏がすでに証明してくださっている阿耨多羅三藐三菩提《あのくたらさんみゃくさんぼだい》、これは先に学びましたが、「これ以上ない悟り」という意味です。しかもこれを金剛不壊《こんごうふえ》の悟りと形容します。金剛とは金剛石の金剛で、大変に硬いダイヤモンドのことです。経典には、実に多く金剛が登場してきます。『金剛経《こんごうきょう》』などという経典もあります。それから曼荼羅《まんだら》には「金剛界曼荼羅《こんごうかいまんだら》」というものもありますので、金剛という言葉は仏典のなかではポピュラーです。

その金剛が不壊であるというのです。不壊とは壊れることがないということです。そういう硬く金剛石のように壊れることのない「仏果《ぶっか》を証するなり」と言っているのですから心強いかぎりです。阿耨多羅三藐三菩提、これ以上ない悟りを得た仏さまがこれを証しておられるというのです。

「誰《たれ》の智人《ちにん》か欣求《ごんぐ》せざらん」とは、いずれの智慧あるものたちも、これを願い求めるものだということです。そして、そうしたことは「世尊《せそん》明《あき》らかに一切衆生《いっさいしゅじょう》の為《ため》に示しましますす」と言っていますから、お釈迦さまはこれを明白に、一切の生きとし生けるものたちのために目の前に示してくださっておられるということです。

受戒をするというのはそれほどはっきりしたことであり、戒律を持つというのはこれほどたいせつなことなのだと受け止めていただけば、ここまでのところはよろしいかと思います。

次に「衆生仏戒を受くれば、即ち諸仏《しょぶつ》の位《くらい》に入《い》る」とありますが、この「衆生仏戒を受くれば」という文言は、『梵網経《ぼんもうきょう》』という経典のなかにも出てきます。それだけ重要な言葉だということでしょう。

意味は、生きとし生けるものが仏さまの戒律を受ければ、彼らはすなわちもろもろの仏と位が同列になるということです。しかし、字義どおりに受け取るわけにはいきません。正確には、悟りに至る道に入門するという意味です。諸仏の位に入るといっても、すなわちそれがもろもろの仏と同じ立場になるというようには考えないほうがいいでしょう。そういう修行のできる道に入門することができる、ということだと思います。

しかし、その心根としては、次にあるように、「位《くらい》大覚《だいがく》に同うし已《おわ》る」でよいのだと思います。その位は、おおいなる目覚めたるもの、つまりはお釈迦さまと同じ正覚《しょうがく》になるのだという気持ちで修行に励むべきです。

続いて「真《まこと》に是れ諸仏の子《みこ》なりと」と言っていますが、これは真実にそのような道に入ったものは、諸仏、すなわちお釈迦さまの子供たちなのだということです。ただそうした三帰、三聚浄戒、十重禁戒といったことを受けたならば、それがそのまま仏の子供になり、長ずれば釈迦牟尼仏陀《しゃかむにぶつだ》になるのかというと、そこはちょっと違うと思います。

なぜなら、そこには努力精進というものが必要だからです。今は、「入門させていただくためには」というようなただし書きが必要な段階なので、その意味で「位《くらい》大覚《だいがく》に同うし已《おわ》る」と言ってくださっているのです。

大覚とは文字どおり「おおいなる目覚めたるもの」ということで、釈迦牟尼仏陀のことを言います。

引き続いて次の節に入りましょう。原文は次のとおりです。

諸仏の常に此中《このなか》に住持《じゅうじ》たる、各各《かくかく》の方面に知覚を遺《のこ》さず、群生《ぐんじょう》の長《とこし》えに此中《このなか》に使用する、各各《かくかく》の知覚に方面露《あらわ》れず、是時十方法界《このときじっぽうほっかい》の土地《とち》草木牆壁瓦礫《そうもくしょうへきがりやく》皆仏事《みなぶつじ》を作《な》すを以て、其起《そのおこ》す所の風水の利益《りやく》に預《あずか》る輩《ともがら》、皆甚妙《みなじんみょう》不可思議《ふかしぎ》の仏化《ぶつけ》に冥資《みょうし》せられて親《ちか》き悟《さとり》を顕わす、是《これ》を無為の功徳とす、是を無作《むさ》の功徳《くどく》とす、是《こ》れ発菩提心《ほつぼだいしん》なり。

「諸仏の常に此中《このなか》に住持《じゅうじ》たる」と言っていますが、「此中」とは仏の戒律の教えを指します。そして、「住持」とはそうしたものを保ち住んでいる、そういう境涯にあるというふうに受け取ってください。したがってこの文章の意味は、もろもろの仏が仏の戒律の教えを受け保ってそこに住持している、あるいは諸仏の教えのなかに安住している境涯を言っているわけです。

「各各《かくかく》の方面に知覚を遺《のこ》さず」というのは、いろいろな差別のある、区別のある具体的な日常生活のなかにあって、ことさらに不便な思いを感ずる思いがない、ということです。

「群生《ぐんじょう》の長《とこしな》えに此中《このなか》に使用する」の「此中に使用する」というところがちょっと難しいのですが、仏の戒律の教えを受けた日常の生活、安住した境涯のなかに住んでいるということです。「群生」は衆生のことですから、衆生は永遠に仏の戒律の家で安住した境涯に住む、というような意味になりましょうか。

「各各《かくかく》の知覚に方面露《あらわ》れず」は、いろいろと慮り知識を得、することなすことすべてにも、思うところにも陰りやしこりがない、これは前に出た「無礙《むげ》」の状態で、差し障りがなくこだわりがないことです。それを「各各《かくかく》の知覚に方面露《あらわ》れず」と言っています。

次は「是時十方法界《このときじっぽうほっかい》」です。三帰《さんき》、三聚浄戒《さんじゅじょうかい》、十重禁戒《じゅうじゅうきんかい》を受けて、諸仏の位と同じ世界で何らこだわることなく安住の境涯にあるとき、それが「是時」です。「十方《じっぽう》」とは、先に宇宙がどういうものかということを私たちは学んだわけですが、あの時間と空間のことです。それもただの時空ではなく、宇宙の真理であり、真如の世界であり、その世界自体が法身仏《ほっしんぶつ》である時空、それを「十方法界《じっぽうほっかい》」と言っているのです。

「土地草木牆壁瓦礫《とちそうもくしょうへきがりゃく》」の「土地《とち》」とはこの大地であり、「草木《そうもく》」とは土地を潤す植物であり、「牆壁瓦礫《しょうへきがりゃく》」とは壁土やがれきのことです。それらが「皆仏事《みなぶつじ》を作《な》すを以て」というのですから、土は草木を育て、草木は土の肥やしとなる。垣根や壁、瓦や小石などの地上にあるもろもろのものは、皆それぞれがそれぞれを生かし、また生かされていて、本来の性質、個性によって仏さまのはたらきをしていると言っているのです。ごく普通のことが普通に行われている状態です。

「其起《そのおこ》す所の風水の利益《りやく》に預《あずか》る輩《ともがら》」の「風水」とは、吹く風、流れる水のことです。最近はやっている風水師などというのとは違いますから誤解しないでください。

仏さまのはたらきによる天然・自然の利益、と考えていいでしょう。その利益に預かる人は、「皆甚妙《みなじんみょう》不可思議《ふかしぎ》の仏化《ぶっけ》に冥資《みょうし》せられて」ですから、そのような人々は皆とても不可思議な仏の世界に助けられて、知らず知らずのうちに仏さまの力で「親《ちか》き」、すぐそばで悟りを顕現するということです。

こうしたことを「無為の功徳とす」、つまり何か企画を立てたり計りごとをして成就するのではなく、ごく自然のはたらきによって功徳が成就するということです。

まとめてみますと、すべての世界が仏さまの力によってそれぞれの個性に応じたはたらきをし、この宇宙自体が成り立っている。宇宙とは十方法界のことです。一見何の役にも立たないように見える小石の一つにも力があふれていて、小石なりのはたらきをしている。これが無作《むさ》の功徳です。そのように、なにごとも自然のままにあらしめるはたらき、それは法界をつかさどる法身仏、毘盧舎那仏《びるしゃなぶつ》の説法であるととらえることもできます。

自然というのは、黙って見ておりますと、何も起きていないように見えます。窓から山の木々などを見ておりますと、別になにごとも起こっていないように思います。しかしその裏側をよくよく探求してみれば、自然は雄弁にいろいろなことを教えてくれています。

木には木の、草には草の役割がある。流れる水には流れる水の役割があり、さんさんと降り注ぐ太陽の光線には太陽の光線としての仕事がある。それをあるがままに受け入れれば、そのなかに自分というものが生かされているということがわかります。

その素直な心、それを仏になる資格という意味で仏性《ぶっしょう》と言うのですが、また別の言い方で「是《こ》れ発菩提心《ほつぼだいしん》なり」と言います。

三帰、三聚浄戒、十重禁戒を受けて、険しいかもしれないけれど、仏道に身を投じて、これから一生そのことを突きつめていこう、そういう気持ちを起こすことを「発菩提心」と言います。「菩提心」を「発《お》こす」ということです。

菩提心というのはインドの「ボーディー・チッタ」という言葉の音写です。道を求め、世の人々を救おうという願いを起こした生き物のことです。その心を起こすのが発菩提心であるということです。

その道を求める心を起こすときというのは、まったくの刹那《せつな》、一秒の何十分の一の瞬間かもしれないのですが、その瞬間こそが実はほんものの悟りの心なのです。少しでも仏の世界に近づこう、悟りを求めようという心を持った瞬間、その瞬間以上の悟りの心はないと言ってもいいと思います。ですから、発菩提心こそが悟りの心なのです。「発菩提心」に対して、「修菩薩行《しゅぼさつぎょう》」という概念が出てきます。せっかく起こした発菩提心も、怠ける気持ちが頭をもたげてくるとしぼんでしまいます。怠ける気持ちを「懈怠《けだい》」と言いますが、懈怠を振り払い、発菩提心を持続させる努力こそ「修菩薩行」です。具体的に言えば、世の人々を救い、悟りの世界へ連れていく「救世《くせ》」の行です。この「修菩薩行」を略して「修行」というのです。

生きとし生けるものを救わずにはおかない救世の心をずっと持ち続けようとしても、人間というのはどうしても怠け心が出てきます。ですから、それを修行によって起きないようにするわけです。

禅寺の本堂にいき、いわゆる須弥壇《しゅみだん》の宮殿《ぐうでん》（仏殿）というところを拝察すると、当然のことですが仏さまがお祀りされています。それは、禅宗では「釈迦三尊《しゃかさんぞん》」という仏像です。中央に祀られているのが世尊《せそん》、釈迦牟尼仏陀《しゃかむにぶつだ》です。そして、向かって左側の白像の座に乗っているのが「普賢《ふげん》菩薩」と言われる仏です。この普賢菩薩が、発菩提心を見守ってくださる仏なのです。

対して、向かって右側に獅子《しし》の座の上に乗っている菩薩がおられます。これが「文殊師《もんじゅし》利《り》菩薩」略して「文殊菩薩」で、修菩薩行を見守ってくださる仏です。人間にはどうしても懈怠の心、怠け心が起こります。それ故に、文殊菩薩は左手に経本を手にし、右手には鋭利な剣を持っておられます。懈怠の心が起これば右手に持った鋭利な剣でこれを叱咤激励し、左手の経本で「勉強しなさい。わからないことがあったら聞きなさい」と言っておられるのです。

それらのことは、この『修証義』第三章の末尾の、「是《こ》れ発菩提心《ほつぼだいしん》なり」という一句にはっきりと書き記されていると言ってもいいのではないでしょうか。

第四章

発願利生《ほつがんりしよう》——生きとし生けるもののために

他人に利益を差し向ける

「発願利生《ほつがんりしょう》」というのは、衆生《しゅじょう》に利益を差し向けようと誓願《せいがん》を起こすことです。ですから、この章は衆生のためになろうという心を起こすことをテーマにした章と言っていいでしょう。

ここも今までと同じように、まず原文を読んでから解説に入りたいと思います。

菩提心《ぼだいしん》を発《おこ》すというは、己《おの》れ未《いま》だ度《わた》らざる前《さき》に一切衆生《いっさいしゅじょう》を度《わた》さんと発願《ほつがん》し営《いとな》むなり、設《たと》い在家にもあれ、設《たと》い出家にもあれ、或は天上にもあれ、或は人間にもあれ、苦にありというとも楽にありというとも、早く自未得度《じみとくど》先度他《せんどた》の心を発すべし。

「菩提心《ぼだいしん》を発《おこ》す」、発菩提心《ほつぼだいしん》ということはすでに先の章で学びました。菩提心を起こすというのは、自分は「いまだ度《わた》らざる前に一切衆生《いっさいしゅじょう》を度す」ことだと言います。

ここに「度《わた》る」という言葉が出てきますが、どこを度るというのでしょうか。実は、この「度る」ということについては前に菩薩の説明のなかですでに述べております。私たちの凡夫《ぼんぷ》の世界、悟りをまだ得ていない世界をこちらの岸、「此岸《しがん》」と言い、そして悟りの世界を「彼岸《ひがん》」と言います。その境界線には、幅広く、深く、そして流れの急な河があると言いました。その此岸と彼岸を隔てる河を度るのです。日常語では、「度る」はサンズイをつけて「渡る」と書きますが、同じことです。

ここまでを整理しますと、発菩提心を起こすということは、自分はいまだにその河を渡り切っていないけれども、そして、渡ろうと思えば渡れる力も蓄えているけれども、しかし、その前に、一切衆生、生きとし生けるものすべてを先に渡そうと発願してそのことを実践していくと言っているのです。それが「一切衆生《いっさいしゅじょう》を度《わた》さんと発願《ほつがん》し営《いとな》むなり」の意味です。

そのことは、たとえ在家のものたちであっても、あるいは出家をして僧侶になったものであっても、「設《たと》い在家にもあれ、設《たと》い出家にもあれ」に該当するところですね。また、「或は天上にもあれ、或は人間にもあれ」と言いますから、六道《ろくどう》の天上界にあるものであっても、あるいは人間界にあるものであってもと言い、六道の以下は省略しているわけです。

さらに「苦にありというとも楽にありというとも」、苦しいときであっても楽しいときであってもと言っていますから、どんな場合であっても「早く自未得度先度他《じみとくどせんどた》の心を発すべし」と結論を出しているわけです。

ここでちょっとわかりにくい言葉が出てきました。「自未得度先度他《じみとくどせんどた》」という一句ですが、これはすでに述べてまいりました、「みずからはいまだ渡っていないのに先に他を渡す」という心を表しているのです。「自未得度先度他《じみとくどせんどた》の心」、これこそまさに菩薩行《ぼさつぎょう》の心といえるでしょう。

次に進みます。

其形《そのかたち》陋《いや》しというとも、此心《このこころ》を発《おこ》せば、已《すで》に一切衆生《いっさいしゅじょう》の導師なり、設《たと》い七歳《しちさい》の女流《にょりゅう》なりとも即ち四衆《ししゅ》の導師なり、衆生の慈父なり、男女《なんにょ》を論ずること勿れ、此れ仏道極妙《ぶつどうごくみょう》の法則なり。

若《も》し菩提心《ぼだいしん》を発《おこ》して後《のち》、六趣四生《ろくしゅししょう》に輪転《りんでん》すと雖も、其輪転《そのりんでん》の因縁皆菩提《いんねんみなぼだい》の行願となるなり、然《しか》あれば従来の光陰は設《たと》い空《むなし》く過すというとも、今生《こんじょう》の未《いま》だ過ぎざる際《あい》だに急ぎて発願《ほつがん》すべし、設《たと》い仏《ほとけ》に成るべき功徳熟《くどくじゅく》して円満すべしというとも、尚《な》お廻《めぐ》らして衆生の成仏得道《じょうぶつとくどう》に回向《えこう》するなり、或は無量劫《むりょうごう》行いて衆生を先に度《わた》して自《みず》からは終《つい》に仏に成らず、但し衆生を度し衆生を利益《りやく》するもあり。

ここはちょっと長く取りましたので、ゆっくりと説明したいと思います。

その姿かたちがいやしいように見えたとしても、「此心《このこころ》を発《おこ》せば」、この心というのは「自《じ》未《み》得度《とくど》先度《せんど》他《た》の心」です。みずからはいまだ先に渡らず、先に他を渡すという菩薩の心です。

「此心《このこころ》を発《おこ》せば、已《すで》に一切衆生《いっさいしゅじょう》の導師なり」と言うのですから、姿かたちは関係なしに、菩薩の心を起こせば、それはすでに生きとし生ける人々一切の導師であると高く評価しています。「導師」とは導いてくれる先生のことです。

「設《たと》い七歳《しちさい》の女流《にょりゅう》なりとも即ち四衆《ししゅ》の導師なり」、「四衆」とは男性の僧侶、尼僧《にそう》、在家の男性仏教信者、在家の女性仏教信者のことですから、たとえ七歳の女の子であっても、四衆の先生だと言うのです。

さらに、「衆生の慈父なり」とも言います。菩薩の心を起こしたものは、生きとし生けるものたちの慈しみ深い父親であると言い切ります。「男女《なんにょ》を論ずること勿れ」ですから、男であるとか女であるとかを論じてはならない。「此れ仏道極妙《ぶつどうごくみょう》の法則なり」、こうしたことは、仏教の妙なる極み、つまり奥行きの大変深い教えであり、法則であると言っているのです。

「若《も》し菩《ぼ》提心《だいしん》を発《おこ》して後《のち》」というのは、今まで学んできた解釈でいいと思います。菩提心、菩薩の心を起こした後ということです。「六趣四生《ろくしゅししょう》に輪転《りんでん》すと雖も」、六趣も四生も前に触れました。六趣は六道《ろくどう》のことです。四生は「胎生《たいしょう》、卵生《らんしょう》、湿生《しっしょう》、化生《けしょう》」の四つの生まれ方ということでした。ですから、その六道四生のいずれに輪廻《りんね》転生《てんしょう》しようとも、ということです。「其輪転《そのりんでん》の因縁皆《いんねんみな》菩提《ぼだい》の行願となるなり」、そのような輪廻転生の原因と経過は、皆菩提の願いを行ずることとなるのであるということです。

「然《しか》あれば従来の光陰は設《たと》い空《むなし》く過すというとも」とは、そのようであるから、今までの光陰、つまり日月をたとえ空虚に過ごしてきたということであっても、「今生《こんじょう》の未《いま》だ過ぎざる際《あい》だに急ぎて発願《ほつがん》すべし」、その人生はまだ終わっていないのだから、急いでこれまで述べてきたような菩提心を発願しなさいと教えています。まだ間に合う、最終電車は出ていないということでしょう。

「設《たと》い仏《ほとけ》に成るべき功徳熟《くどくじゅく》して円満すべしというとも、尚《な》お廻《めぐ》らして衆生の成仏得道《じょうぶつとくどう》に回向《えこう》するなり」という一節は、繰り返し述べてまいりました「自未得度先度他《じみとくどせんどた》」という菩薩の心を表しています。たとえもう仏になるべき功徳力は十分に円熟していても、なお周囲に救われていないものがいないかと気を配り、衆生の「成仏得道」、成仏得道とは悟りの世界にお度《わた》しすることですが、それに「回向《えこう》するなり」、回向しなさいと勧めています。「回向」という言葉が出てまいりました。これを解説しておきましょう。自分がひとつの願いを向ければ、その願いの力というものは必ず回転します。回転した力は、他のものを救うと同時に自分にも利益をもたらすものなのです。自分の利益を願ってやることではなくても、必ず返ってきます。

自分の功徳を他人のために巡らすことを「回向」と言うのですが、それには回転する力があり、自分にも返ってきていつしか自分の心が清められていくということです。

次の「或は無量劫《むりようごう》行いて衆生を先に度《わた》して自《みず》からは終《つい》に仏に成らず」というところは大変にすばらしい一節で、菩薩《ぼさつ》というものの真髄を言っていると思います。

ここで、「或は無量劫《むりようごう》」の「劫《こう》」という言葉を解説しなくてはなりません。劫というのは、仏教独特の時間の単位です。一劫とは、大きな蔵にケシの実を目一杯に入れて、何年かに一度そのなかの一粒を取り出していきます。すると、いつかはケシの実はなくなり、やがて蔵は空っぽになるはずです。それに要する時間を一劫と言います。気の遠くなるような長い時間のことですね。

ここでは「無量」の劫と言っていますから、永遠にということです。永遠に「自未得度《じみとくど》先度《せんど》他《た》」の菩薩行を行い、生きとし生けるものを先に度してみずからは「終《つい》に仏に成らず」と言うのです。直前に「設《たと》い仏《ほとけ》に成るべき功徳熟《くどくじゆく》して円満すべしというとも」と述べられているのですから、仏になるだけの実力を持っていながらも永遠に衆生を度し続けて自分は仏にならないということです。

「但し衆生を度し衆生を利益《りやく》するものあり」、ただただ生きとし生けるものを救い続け、衆生に利益を与える菩薩という存在もあるのだと言っているわけです。

このように述べてまいりますと、菩薩というのはつくづく大変な存在だと思います。自分の利益は何も考えないのですから。

もともと仏さまのお持ちになっておられる慈悲の心というのは、見返りのない愛です。だから、これを「大愛《だいあい》」とも言います。大きいという字は、インドの言葉で「マハー」と言い、摩訶不思議の「摩訶《まか》」はこれを音写したものです。

もっとも優れたものという意味で、「最勝《さいしょう》」という文字をあてる場合もあります。大愛、それを持っているのが仏です。人間にはちょっと持ちえないような大きな慈悲の心です。ですからこうした「自未得度先度他《じみとくどせんどた》」という菩薩の行願《ぎょうがん》が生まれてくるのでしょう。

思いやりと優しい言葉

衆生《しゆじよう》を利益《りやく》すというは四枚《しまい》の般若《はんにや》あり、一者《ひとつには》布施《ふせ》、二者《ふたつには》愛語《あいご》、三者《みつには》利行《りぎよう》、四者《よつには》同事《どうじ》、是れ則ち薩埵《さつた》の行願《ぎようがん》なり、其《その》布施というは貪《むさぼ》らざるなり、我物《わがもの》に非ざれども布施を障《さ》えざる道理あり、其物《そのもの》の軽《かろ》きを嫌わず、其功《そのこう》の実《じつ》なるべきなり、然あれば則ち一句《いつく》一偈《いちげ》の法をも布施すべし、此生佗生《ししようたしよう》の善種となる、一銭一草《いつせんいつそう》の財《たから》をも布施すべし、此《し》世佗世《せたせ》の善根《ぜんごん》を兆《きざ》す、法も財《たから》なるべし、財《たから》も法なるべし、但彼が報謝を貪《むさぼ》らず、自《みず》からが力を頒《わか》つなり、舟を置き橋を渡すも布施の檀度《だんと》なり、治生産業《ちしようさんぎよう》 固《もと》より布施に非ざること無し。

ここまでが一気に述べられております。「衆生《しゅじょう》を利益《りやく》すというは四枚《しまい》の般若《はんにゃ》あり」、生きとし生けるもののためになるということには、「四つの般若あり」と言っています。「般若」とは智慧《ちえ》のことです。智慧とは知識ではなく、仏の智慧、「仏智《ぶっち》」のことです。

有名な『摩訶般若波羅蜜多心経《まかはんにゃはらみったしんぎょう》』（『般若心経《はんにゃしんぎょう》』）の「般若」であり、この言葉はインドの「パンニャー」あるいは「プラジュニャー」という古語を音写したものです。

その仏の智慧には四つあるというのです。「一者布施《ひとつにはふせ》、二者愛語《ふたつにはあいご》、三者利行《みつにはりぎょう》、四者同《よつにはどう》事《じ》」、この四つです。

一つ目の「布施《ふせ》」とは、物でも心でも惜しまず恵み分け合うことです。

二つ目の「愛語《あいご》」とは、優しく語りかけることです。

三つ目の「利行《りぎょう》」とは、利他、自分ではない他者の利益になる行いに励むことです。

四つ目の「同事《どうじ》」とは、自分も相手もかけがえのない生命を持っているのであるから、それを感じて、自分も他人もともに同じことであると思うことです。

これが「四枚の般若《はんにゃ》」、四つの仏の智慧です。そしてこの四つの智慧とは、「是れ則ち薩《さっ》埵《た》の行願《ぎょうがん》なり」、薩埵は何度も出てきている「ボーディ・サットヴァ」（悟りを求めるもの）の音写の略で、菩薩のことです。

続いて原文では、四枚の般若の一つずつに触れております。

一つ目の「布施」については、「其《その》布施というは貪《むさぼ》らざるなり」と言っています。まず布施は、すべてを自分の物にしてしまおうなどという貪りの心を起こさないことだと言います。続いて「我物《わがもの》に非ざれども布施を障《さ》えざる道理あり」。これはだれかが布施をしようとしたとすると、その施物は自分のものではないわけです。それなのに、その布施をじゃましようなどとしないことだと言います。他者が布施をしようとしていることをじゃましない、これも布施に含まれると言っているのです。

布施の範囲は実に広いものです。最近の言葉では「シェア」とでも言うのでしょうか、まずは共生、分け合って生きていくということです。

貪れば物は足りなくなります。しかし、ともに分け合えば、十分に多くの人が満ち足りて生きていくことができるのです。一人が多くを分取ってしまえば他に回るものが少なくなります。ですから、そういうことではなくて、少なくてもいいからみんなで少しずつ分け合おうではないかというのが「布施」の根本の心です。

お布施というと、えてしてお坊さんに、法事を営んでもらった見返りにお金を渡すことだと思われがちですが、そういうことではありません。何か見返りをもらって金品を渡せば、これは商取引であって布施とは呼びません。見返りを期待しない心で分かち合う、それが「布施」です。

そこに少しでも商行為に値するような、あるいは自分の利益になるようなことを考えた場合、それは清浄なる布施とは言いません。ですから、ほんとうに清浄な気持ちで分かち合うことを言い表すのに、「三輪清浄《さんりんしょうじょう》の施《せ》」という言葉があります。

布施をする人を「施者《せしゃ》」と言います。それを受け取る人を「受者《じゅしゃ》」と言います。そして布施をする物を「施物《せもつ》」と言います。この施者、受者、施物の三つがそれぞれに清浄であるときにその三つは輪のようにきれいに回り出すと言い、それが「三輪清浄の施」と言われているのです。これが布施の基本です。

次に、「其物《そのもの》の軽《かろ》きを嫌わず」と言っています。施物の軽重を問わないということです。一膳のごはんであろうとも、何億のお金であろうとも、決してこれは少ない、これは多いなどと思ってはならないと戒めています。「其功《そのこう》の実《じつ》なるべきなり」、軽重には関係なく、清いものであればよいということです。

「然あれば則ち一句《いっく》一偈《いちげ》の法をも布施すべし」とは、だから一つの言葉、一つの詩で表された経文でも布施しなさいという意味です。偈《げ》とは詩ということですが、これは経典の教えを説いてあげなさいと言っているわけです。

教えを布施することを「法施《ほっせ》」と言います。対して金品を布施することを「財施《ざいせ》」と言います。したがって、ここでは法施をも分け合いなさいと勧めているのです。

そうすれば、すなわち「此生佗生《ししょうたしょう》の善種となる」、此生はこちらの生まれ、自分です。佗生は自分でないものの生まれ、つまり自他《じた》ということです。自他の善き種となる、それが布施である。つまり自分のためにも他人のためにもなると言っているのです。

次に「一銭一草《いっせんいっそう》の財《たから》をも布施すべし」と勧めています。一銭一草ですから、これは財施のことです。わずかでもいいから財施も行いなさいということです。そうすれば、「此世《しせ》佗世《たせ》の善根《ぜんごん》を兆《きざ》す」、佗は他と同じですから、この世と他の世、現世でもほかの世でも「善根《ぜんごん》を兆《きざ》す」、善行の根というものを生み出すと、そのように言っております。

「法も財《たから》なるべし、財《たから》も法なるべし」、これは法施も財施も同じ宝であるということです。「但彼が報謝を貪《むさぼ》らず、自《みず》からが力を頒《わか》つなり」、ただし、その宝の報いや感謝の気持ちを受け取ろうと、見返りを期待してはいけない。ただひたすら自分の力を分かち合うのです。これは、ともすれば見返りがなければ何もしようとしない現代人には耳の痛いところではないでしょうか。

次に「舟を置き橋を渡すも布施の檀度《だんと》なり」と続きます。川に小舟を置く、あるいは橋を架けるというのですから、公共事業とでもいうのでしょうか、世のなかのためになること、これも布施であると言っています。檀度《だんと》とはインドの「ダーナ」を音写した言葉で、布施のことです。この「ダーナ」からいわゆるお寺の檀家、「檀那《だんな》」という言葉が生まれました。

続く「治生産業《ちしょうさんぎょう》固《もと》より布施に非ざること無し」というのは有名な一句です。治生、生きることを治めるのですから、これは生活そのものです。さらには産業、仕事です。これらももとより「布施」でないことはないということです。

このことを広く受け止めますと、しっかりと生活し、仕事をして、他に迷惑をかけずに生きていく。そのこと自体が布施であり、布施でないことはないと言い切っています。このように「布施」ということの意味づけを述べているのがこの項です。

次の項は二つ目の般若、仏の智慧である「愛語」ということに触れています。

愛語というは、衆生を見るに、先《ま》ず慈愛の心を発《おこ》し、顧愛《こあい》の言語《ごんご》を施《ほどこ》すなり、慈念衆《じねんしゅ》生《じょう》 猶如赤子《ゆうにょしゃくし》の懐《おも》いを貯《たくわ》えて言語《ごんご》するは愛語《あいご》なり、

「愛語」というのは、衆生を見るときにまず慈愛の心を起こすことだと教えます。そして相手を顧みて慈しむ言語を施すことであると示します。「慈念衆生《じねんしゅじょう》 猶如赤子《ゆうにょしゃくし》」とは、『法《ほ》華経《けきょう》』という経典に「提婆達多品《だいばだったほん》」という章があるのですが、そのなかに出てくる偈文《げぶん》です。衆生を慈しみ思うこと。これが「慈念衆生《じねんしゅじょう》」です。「猶如赤子《ゆうにょしゃくし》」とは、生まれたばかりの赤ん坊を思うような気持ちでという意味です。「猶如赤子《ゆうにょしゃくし》の懐《おも》いを貯《たくわ》えて言語《ごんご》するは愛語《あいご》なり」というのですから、まるで生まれたばかりの赤ちゃんを優しくかき抱く思いで発するのが愛語であると言っているのです。そのような思いで衆生を慈しみ、思ってあげなさいということです。

徳あるは讃《ほ》むべし、徳なきは憐むべし、怨敵《おんてき》を降伏《ごうぶく》し、君子を和睦《わぼく》ならしむること愛語を根本とするなり、

徳のある人に対してはその徳を讃えてあげなさい。徳の少ない人には慈悲の思いを抱いて愛憐してあげなさいと言っています。「憐むべし」とは、優しくいたわってあげなさいということです。

「怨敵《おんてき》を降伏《ごうぶく》し」、怨念を抱いた敵と記してありますけれども、要するに敵です。これを降参させる。あるいは「君子を和睦《わぼく》ならしむること」、君子に戦争をやめさせ、平和にするのが優しい言葉、愛語の持つ根本力だと言っているのです。

面《むか》いて愛語を聞くは面《おもて》を喜ばしめ、心を楽しくす、面《むか》わずして愛語を聞くは肝に銘じ魂に銘ず、

相手に面と向かって優しい言葉をかけてあげれば、相手はその言葉を聞いて表情が喜びに満ち、心を楽しくする。愛語をかけることは、「面《むか》わずして」と言うのですから、愛語をかけるべき相手がその場にいなくても、「肝に銘じ魂に銘ず」と言います。

優しい言葉というのは、直接聞かなくても、間接的に聞いても、言ってくれた人、あるいは言った言葉のおかげで大変幸せな気持ちになる。その喜びは肝に銘じ、魂に銘ずるほどの思いであるということです。

愛語《あいご》能《よ》く廻天《かいてん》の力あることを学すべきなり。

これも有名な一句です。愛語の力というものは、廻天《かいてん》の力となる。「廻天《かいてん》」とは、国王の心を引き廻らすという意味です。そのような力を持っているところから、世のなかを幸せな道に廻らし、運転する力となるという意味です。そのことをよく学ぶべきであると言っているのです。

人の身になり、他人に尽くす

続いて仏の四つの智慧《ちえ》の三番目、「利行」について説かれています。

利行《りぎょう》というは貴賤の衆生に於きて利益《りやく》の善巧《ぜんぎょう》を廻《めぐ》らすなり、窮亀《きゅうき》を見病雀《びょうじゃく》を見しとき、彼が報謝を求めず、唯単《ただひと》えに利行《りぎょう》に催《もよ》おさるるなり、愚人《ぐにん》謂《おも》わくは利佗《りた》を先《さき》とせば自《みず》からが利省《はぶか》れぬべしと、爾《しか》には非ざるなり、利行《りぎょう》は一法なり、普《あま》ねく自佗《じた》を利するなり。

利行というのは、すでに学んできましたように、他者の利益をまず行うことです。自分を滅してでも他を利していく、そういう行いを利行と言うのでした。そういうものは、「貴賤の衆生に於きて」と言うのですから、身分の高いものも、卑しいものも、それらすべての人々に「利益《りやく》の善巧《ぜんぎょう》を廻《めぐ》らすなり」、利益を与えるということです。

利益といっても、金銭面のことを言っているのではありません。ほんとうの意味でその人のためになることです。

そうした他のためになることの、善し悪し、巧拙、そういうことを善巧《ぜんぎょう》と言うのですが、貴賤を問わず他のために巧みに善きことを廻らしなさいということです。

ここでいう巧みとは「智慧」の意味です。善きこととは「慈悲」です。慈悲に裏づけられた智慧は「仏智《ぶっち》」すなわち「般若《はんにゃ》」です。

その智慧をどのように諸人に廻らせばいいのか、それに言及しているのが次の「窮亀《きゅうき》を見病雀《びょうじゃく》を見しとき」という一節です。窮亀も病雀も中国の古い物語に出てくるものです。

窮亀とは『晋書《しんじょ》』という列伝のなかに出てくる物語で、晋の孔愉が路傍で亀を籠に入れて家に持ち帰り、食べようとしている人からその亀を買い求め、これを川に解き放ちました。亀は大変喜んで四度首を傾け、孔愉のほうを振り返りました。

のちに天子の命を受けて余不亭《よふてい》の領主となった孔愉が、金の官印を鋳造させて亀のつまみをつけたところ、亀の首が四度鋳直させても左に曲がりました。このとき、孔愉は苦難にあっていた亀を川に放ったことを思い起こし、首の曲がったつまみのまま用いたという話です。亀の報恩を表す話です。

病雀も、似たような中国の古い物語です。

楊宝が九歳のとき、華陰山《かいんざん》に遊びにいって雀が梟《ふくろう》に襲われて傷つき、地に落ちて蟻に責められるさまを見て哀れに思い、これを介抱してやりました。その傷が癒えて野に離した夜、黄袍《こうほう》というのですから、黄色い衣のようなものをつけた童子が枕辺に立ち、四個の白《はく》玉《ぎょく》の環《かん》を与えて予言をしたと言います。「なんじの子孫にはこの玉環のごとく潔白な人が出て、四代にわたり、大師《たいし》、大傅《たいふ》、大保《たいほ》という三府の位につくであろう」と。そして予言どおり、四代にわたって三府の位についたという話です。これも雀の恩です。

浦島太郎の話と似ていますね。要するに恩に報いること、それが「窮亀《きゆうき》を見病雀《びようじやく》を見しとき」ということなのですが、孔愉も楊宝も窮亀を見、病雀を見て報謝を求めて善行をしたわけではありません。二人の主人公は、報謝を求めず、ただ利行を実践しただけです。

それが「唯単《ただひと》えに利行《りぎょう》に催《もよ》おさるるなり」ということです。「愚人謂《ぐにんおも》わくは利佗《りた》を先《さき》とせば自《みず》からが利省《はぶか》れぬべしと」、これは身につまされる言葉です。愚人、愚かな人は、つい他の利益を先にしたならば自分の利益がその分減ってしまうではないかと思いがちだというのです。ちょっと情けないことですね。

しかし、それは違うのだと「爾《しか》には非ざるなり」と言い切り、「利行《りぎょう》は一法なり、普《あま》ねく自佗《じた》を利するなり」と次に私たちを勇気づけてくれます。利行、他を利する行為、これは一つしかない教えである。唯一正しい教えである。自利《じり》とか利他《りた》の区別があるはずはないと言っているのです。その利行という教えは、普《あま》ねく自他を利するのだということです。

つまり、ここで廻天《かいてん》の力とか回向《えこう》と言っていますが、他を利していくことがいつしか自の利にもなるのだということを説き、しかし、一方では利行を行おうとするモチベーション（動機）、それは報謝を求めて行ってはならないと言っているのです。

自分の利益になるから他人に利益を与えようなどというような不純なモチベーションであってはならない。あくまで他を利するのが目的で、結果として自分の利にもつながっていくということです。それはあくまでも報謝を求めない利他行の結果なのです。

四枚《しまい》の般若《はんにゃ》のうち、四つ目は「同事」です。

同事というは不違なり、自《じ》にも不違なり、佗《た》にも不違なり、譬《たと》えば人間の如来は人間に同ぜるが如し、佗《た》をして自《じ》に同ぜしめて後《のち》に自《じ》をして佗《た》に同ぜしむる道理あるべし、自佗《じた》は時に随《したご》うて無窮《むきゅう》なり、海の水を辞せざるは同事なり、是故《このゆえ》に能く水聚《みずあつま》りて海となるなり。

「同事」とは「同じ事」と書きますが、これは、自他、自己も他己もまったく同じであるという気持ちになることとです。ですから「同事というは不違なり」、まったく違わないと言うのです。平等と言ってもいいでしょう。

他と自分を違うと思わないから、自分にとっても不違だし、他人にとっても不違なのです。不違とは、自己も他己も同じであるということにまったく矛盾などないことです。

続いて、「譬《たと》えば人間の如来は人間に同ぜるが如し」と、すごいことを言っています。例えば、私たちにとってのお釈迦さまは人間と同じであると言うのです。逆に言えば、仏さまは人間と同じなのだから、人間も仏さまと同じなのだというのが不違です。

ただし、そう考えるのにもルール、道理があると言います。「佗《た》をして自《じ》に同ぜしめて後《のち》に自《じ》をして佗《た》に同ぜしむる道理あるべし」、まず他人を自分と同じ存在だと考えて、それから自分も他人と同じだと考えなさいと言っています。これは、まず利他を先行し、それから自利を考えなさいということでしょう。そのような道理があるということです。

同事を身につければ、「自《じ》佗《た》は時に随《したご》うて無窮《むきゅう》なり」と言いますから、自他というものがその場その場の状況に応じて矛盾がなく、困り果てることなどあるはずがない。自他が時に従って変わってしまうというようなことはないと言っているのです。自他は同事であり、異ならないからです。

それを海に例えて、「海の水を辞せざるは同事なり」と言います。大海は、あらゆる川の水を拒否することなく受け入れます。こちらの川は汚れているからいやだなどということは一切言いません。清水も濁水も併せ飲むように、その海のなかに流れ込ませています。清濁という分け隔てをしてはいない、それが「同事」ということなのです。

「是故《このゆえ》に能く水聚《みずあつま》りて海となるなり」とは、読んで字のごとく、そのように清濁というような差別をしていないから、よく水が集まって海となるのであるということです。

次に進みましょう。

大凡《おおよそ》菩提心の行願には是《かく》の如くの道理静かに思惟《しゆい》すべし、卒爾《そつじ》にすること勿れ、済度摂受《しょうじゅ》に一切衆生皆化《け》を被《こう》ぶらん功徳を礼拝恭敬《らいはいくぎょう》すべし。

おおよそ、菩提心を成就させようという願いには今まで述べてきたような経緯が含まれているのだから、その道理を静かに思いなさいということです。「卒爾《そつじ》にすること勿れ」とは、軽はずみに、早飲み込みし、おろそかにしてはならないということです。

そして、「済度摂受《しょうじゅ》」とは救い度《わた》すですから救世《くせ》のことです。救世の恩恵を摂受することです。「化《け》を被《こう》ぶる」とは教化されること、教化されて仏さまの道に入らせていただくことですから、救世の恩恵を受け、教化にあずかることに、一切の生きとし生けるものは、礼拝し、うやうやしく敬うべきであると述べられているのです。

第五章

行持報恩《ぎょうじほうおん》——菩薩行は仏への感謝

仏の恩に報いる

此発菩提心《このほつぼだいしん》、多《おお》くは南閻浮《なんえんぶ》の人身《にんしん》に発心《ほっしん》すべきなり、今是《いまかく》の如くの因縁あり、願生《がんしょう》此娑婆国土《ししゃばこくど》し来れり、見釈迦牟尼仏《けんしゃかむにぶつ》を喜ばざらんや。

まことの仏さまの道をあつく護持し、懈怠《けだい》の心なくいそしんで仏さまの恩に報いるような、そんな毎日を送りましょうというテーマが掲げられた章です。

「此発菩提心《このほつぼだいしん》」から始まります。菩提心を起こすということは、「多《おお》くは南閻浮《なんえんぶ》の人身《にんしん》に発心《ほっしん》すべきなり」と言っていますが、ここで難しいのは「南閻浮」という言葉です。これは簡単に言うと、地球のことと考えていただいていいでしょうか。

仏教はインドで生まれました。その仏教の世界観に、あるいは古代インド人の宇宙観に「須弥山説《しゅみせんせつ》」というものがあり、世界の中心に須弥山という巨大な山がそびえており、その山の南側に「南閻浮」という国があると言います。人間が住んでいるのはそこだと言いますから、「南閻浮」こそ地球だと考えていいでしょう。

その地球の「人身《にんしん》」、人身とは人間のことです。地球に人間として生まれたのであれば、菩提心を起こすべきであると言っているわけです。地球に人間として生まれ、しかも、仏法と出会った。これ以上のことはないではないか。そうであるならば、仏さまの道を説き、導き手の教えに随順し、祖先、あるいは社会の恩、ことに仏法僧《ぶっぽうそう》の三宝《さんぼう》の恩に報いるという生活をしなければならないという意味も含んでいるのだと思います。

「今是《いまかく》の如くの因縁あり」、因縁とは原因と結果の間の縁、プロセスのことですから、今このような原因と過程があるということです。それは何かというと、「願生《がんしょうし》 此娑婆《しゃば》国土《こくど》し来れり」と説明しています。

私たちが現在住んでいる社会を娑婆と言います。苦しみの多い国土でそれを耐え忍ばなければならないのですが、私たちはそれでもこの世界に生まれようと願い、生まれてきたのです。さらに、「見釈迦牟尼仏《けんしゃかむにぶつ》を喜ばざらんや」、現前している釈迦牟尼仏、それがだれなのかということはあとの文章に出てまいりますが、その釈迦牟尼仏を現前するということは仏教に出会えたということです。ここではそれを喜ぼうではないかと言っているわけです。

静かに憶《おも》うべし、正法《しょうぼう》世《よ》に流布《るふ》せざらん時は、身命《しんみょう》を正法《しょうぼう》の為に抛捨《ほうしゃ》せんことを願うとも値《お》うべからず、正法《しょうぼう》に逢《お》う今日の吾等を願《ねご》うべし、見ずや、仏《ほとけ》の言《のたま》わく、無《む》上菩提《じょうぼだい》を演説する師に値《あ》わんには、種姓を観ずること莫《なか》れ、容顔を見ること莫れ、非を嫌うこと莫れ、行《おこない》を考うること莫れ、但般若《ただはんにゃ》を尊重《そんじゅう》するが故に日日三時《にちにちさんじ》に礼拝《らいはい》し、恭敬《くぎょう》して、更に患悩《げんのう》の心を生ぜしむること莫《なか》れと。

その喜びを静かにかみしめて、正法《しょうぼう》、正しき教えですからすなわち仏さまの教えのことですが、それが「世《よ》に流布《るふ》せざらん時は」、流布とは広がっていくことですから、広がっていかないときは、身命《しんみょう》、この体と命を正しい教えのために、「抛捨《ほうしゃ》せんことを願うとも値《お》うべからず」、と言っています。つまり、命を投げ出してでもこの正法が世に広まっていくように願おうではありませんかという意味です。

「正法《しょうぼう》に逢《お》う今日の吾等を願《ねご》うべし」のところを解釈しましょう。私たちは南閻浮という地球上に人間として生まれ、会い難い仏法に今会っている。まだ正法に出会っていない人たちに、私たちは今自分が出会っている幸福を知らせ、「ぜひとも私たちと同じように幸福になってください」と言って聞かせるべきではないかと言っているのです。そのようにして正法を世に流布していかなければならないということでしょう。そして、それが仏さまの教えに対する恩に報いることではないかと言っているのだと思います。

「見ずや、仏《ほとけ》の言《のたま》わく」、すでに出会っている仏さまが次のように言っておられるということです。その仏さまの言葉とは、まず「無上菩提《むじょうぼだい》を演説する師に値《あ》わんには」です。このうえない真理に目覚めた悟りの道を演説している人に出会ったなら、演説とは説法、または布教をすることですが、「種姓を観ずること莫《なか》れ」、種姓とはインドにおける四姓のことで、現代ではいろいろな人々が持っているその人の性といったようなことでしょうか。つまりその人の個性、生き方、あるいは身分差というようなことを「観ずること莫《なか》れ」、考えてはいけないということです。素直な気持ちで無上菩提を演説している人の話に耳を傾けなさいと言っているのです。

次に「容顔を見ること莫れ」と言います。姿かたちで判断してはいけないということです。「非を嫌うこと莫れ」、もしいやな面があったとしても、それを嫌ってはならない。さらに「行《おこない》を考うること莫れ」、説教や布教をしている人の行いを考えるなということです。

つまり、演説している内容が重要なのであって、演説している人そのものをとやかく言ってみても始まらないということでしょう。ですから次に、「但般若《ただはんにゃ》を尊重《そんじゅう》するが故に」、その説かれている内容がたいせつなのであると言っているのです。

その内容とは、仏さまの智慧《ちえ》、般若《はんにゃ》です。このことはすでに学びました。インドの「プラジュニャー」「パンニャー」という言葉を音写して般若と言うのでした。

それは仏の智慧、仏智《ぶっち》です。その般若、仏智を尊重するが故に、演説の内容そのものに「日日三時《にちにちさんじ》」、朝昼晩に「礼拝《らいはい》し」、「恭敬《くぎょう》して、更に患悩《げんのう》の心を生ぜしむること莫《なか》れと」、

患悩とは、悩み、憂い、苦悩することですから、さらにそうした心を生じさせてはいけない、すこやかに、平静に生活していかなくてはならないと言っているわけです。

今の見仏聞法《けんぶつもんぽう》は仏祖面面《ぶつそめんめん》の行持《ぎょうじ》より来れる慈恩なり、仏祖若《も》し単伝《たんでん》せずば、奈何《いか》にしてか今日に至らん、一句の恩《おん》尚《な》お報謝すべし、一法の恩《おん》尚《な》お報謝すべし、況《いわん》や正法《しょうぼう》眼蔵無上大法《げんぞうむじょうだいほう》の大恩これを報謝せざらんや、病雀《びょうじゃく》尚《な》お恩を忘れず三府《さんぷ》の環《かん》能《よ》く報謝あり、窮亀《きゅうき》尚《な》お恩を忘れず、余不《よふ》の印《いん》能《よ》く報謝あり、畜類《ちくるい》尚《な》お恩を報ず、人類争《いかで》か恩を知らざらん。

今私たちが「見仏聞法《けんぶつもんぽう》」、仏を見、その教えを聞けることは大変ありがたいことですが、このようなことは、「仏祖面面《ぶつそめんめん》の行持《ぎょうじ》より来れる慈恩なり」と道元禅師《どうげんぜんじ》は言っておられます。「仏祖面面」、もろもろの仏さまの教えという意味です。その教えを「行持」、固く身に保って実践してきた仏さまの「慈恩」、慈しみ深い恩恵によるのであるということです。そのおかげで私たちは「見仏聞法」ができるのです。

「仏祖若《も》し単伝《たんでん》せずば、奈何《いか》にしてか今日に至らん」、もし仏さまたちがそうしてくださらなかったならば、私たちはその教えを見仏聞法することはできなかった。そして今日に至っていることはなかったであろうということです。

「一句の恩尚《おんな》お報謝すべし」、そのようにして仏さまたちが伝えてくださったということがわかったならば、経典の一句、教えの一句の恩に対して深々と感謝するべきである。その恩に報いるべきであると言っています。

「一法の恩尚《おんな》お報謝すべし」というのは、同じ意味の繰り返しで、たった一つの教えにも感謝すべきであると言うのです。仏教には八万四千の法門があると言われます。これは膨大な経典があるということの例えですが、そのなかのたった一つの教えであろうとも、それをこの身にいただいたのならばその恩を忘れず、報いるべきであると諭してくださっております。

「況《いわん》や正法眼蔵無上大法《しょうぼうげんぞうむじょうだいほう》の大恩これを報謝せざらんや」、正法眼蔵とは、正しい仏法の眼目となること、仏祖の法門、つまりは仏さまの教えのすべてという意味です。それは無上の大法である。これ以上のない、もっとも勝ったということを「マハー」と言い、「摩訶《まか》」と書くのでしたね。私たちはその無上の教えの大恩をいただいている。この大恩に感謝し、報いなければいけないと言っているのがこの一節です。

「病《びょう》雀《じゃく》尚《な》お恩を忘れず」、これはすでに何度か出てきた雀の話です。けがをした雀は、自分の体の傷を治してくれて野に放ってくれた恩を忘れず、助けてくれた人に白玉《はくぎょく》の環《かん》を贈り、三府という位につかせたというエピソードです。

「窮亀尚《きゅうきな》お恩を忘れず、余《よ》不《ふ》の印《いん》」も、命を助けてもらった亀の恩返しによって領主になった人が、亀のはんこを作ってその首が左に曲がっているのを見て亀の恩を知ったというエピソードです。

雀や亀でも「能《よ》く報謝あり」、そのように恩に報いるということを知っているのだから、ましてや人間が仏さまへの恩を忘れてはいけないと教えてくださっています。「蓄類尚《ちくるいな》お恩を報ず、人類争《いかで》か恩を知らざらん」というところで、動物でさえそうした恩を忘れないのに、人類、人間がどうして恩を知らずにおられようかという意味を表しているわけです。

光陰矢のごとし

其報謝《そのほうしゃ》は余外《よげ》の法は中《あた》るべからず、唯当《ただまさ》に日日《にちにち》の行持《ぎょうじ》、其報謝《そのほうしゃ》の正　道《しょうどう》なるべし、謂《いわ》ゆるの道理は日日《にちにち》の生命を等閑《なおざり》にせず、私《わたくし》に費《ついや》さざらんと行持《ぎょうじ》するなり。

これまで学んできた仏の教え、大法に対して報謝するということは、何か特別な難しいことをして仏さまに恩返ししようということではないのですというのがこの節です。ではどのようにして恩返しするのかというと、次のように述べられています。

「唯当《ただまさ》に日日《にちにち》の行持《ぎょうじ》」、ただ仏の道を保ち、それを実践していくことを淡々と毎日やりなさい。それを「報謝《ほうしゃ》の正　道《しょうどう》」、正しい道であると言っています。これまでいろいろ多くのことを学んできましたが、それらの正しい教えに報謝することが正道だというわけです。「謂《いわ》ゆるの道理は」、そうしたことの当然なる道理は、「日日《にちにち》の生命を等閑《なおざり》にせず」、つまりいい加減な生き方をしてはならないということです。日日とは時間です。しかも、その時間とは命でした。時は金なりではなく、時は命なりです。そのたいせつな時間というものを、私情によって費やしてはならない。これを「私《わたくし》に費《つい》やさざらんと行持《ぎょうじ》するなり」と言っているのです。仏の大法に基づいた生き方をきちんと実践していくこと、それがたいせつであるということでしょう。

光陰は矢よりも迅《すみや》かなり、身命は露よりも脆《もろ》し、何《いず》れの善巧《ぜんぎょう》方便《ほうべん》ありてか過ぎにし一日を復《ふたた》び還《かえ》し得たる、徒《いたず》らに百歳生けらんは恨《うら》むべき日月なり、悲むべき形骸《けいがい》なり、設《たと》い百歳の日月《じつげつ》は声色《しょうしき》の奴婢《ぬび》と馳走《ちそう》すとも、其中一日《そのなかいちにち》の行持《ぎょうじ》を行取《ぎょうしゅ》せば一生の百歳を行取《ぎょうしゅ》するのみに非ず、百歳の佗生《たしょう》をも度取《どしゅ》すべきなり、此一日《このいちにち》の身命は尊ぶべき身命なり、貴《とうと》ぶべき形骸なり、此行持《このぎょうじ》あらん身心《しんじん》自《みず》からも愛すべし、自《みず》からも敬《うやも》うべし、我等が行持《ぎょうじ》に依りて諸仏の行持見成《ぎょうじげんじょう》し、諸仏の大道通達《だいどうつうだつ》するなり、然《しか》あれば即《すなわ》ち

一日の行持《ぎょうじ》是れ諸仏《しょぶつ》の種子《しゅし》なり、諸仏《しょぶつ》の行持《ぎょうじ》なり。

「光陰は矢よりも迅《すみ》やかなり」、光陰とは日月です。日月は強弓、強い弓で放つ矢よりも速い。時はあっという間に過ぎ去ってしまいます。人を待ってはくれません。そして、「身命は露よりも脆《もろ》し」、人間の命は一枚の葉の上の朝露よりももろいものであると言っています。

「何《いず》れの善巧《ぜんぎょう》方便《ほうべん》ありてか過ぎにし一日を復《ふた》たび還《かえ》し得たる」、どんな巧みなやり方があろうとも、過ぎ去ってしまった一日を再び取り戻すことはできないということです。

「徒《いたず》らに百歳生けらんは恨《うら》むべき日月なり」と言います。しかし、きんさんやぎんさんのように百年生きるというのはなかなか難しいようです。ここでは比喩として百歳と言っているわけで、一生という意味にとらえていいでしょう。

いたずらに一生を生きてしまうのは、大変に情けない、恨むべき日月だということです。「悲むべき形骸《けいがい》なり」とも言います。形骸《ぬけがら》というのですから、この姿かたちのことです。なんだか肉の団子が生きたような、悲しむべきこの姿かたちだと言っているわけです。

「設《たと》い百歳の日月《じつげつ》は声色《しょうしき》の奴婢《ぬび》と馳走《ちそう》すとも」という一節を読むと、私はなぜか自分のことを言われているような気がしてきます。「声色《しょうしき》の奴婢《ぬび》」と言うのですから、銀座か六本木あたりの美しいホステスさんのイメージです。そのようなホステスさんと酒を食らい、「百歳の日月《じつげつ》」、一生を遊んで過ごすと言われているような気がするのです。これは確かに私のことに違いありません。

「其中一日《そのなかいちにち》の行持《ぎょうじ》を行取《ぎょうしゅ》せば一生の百歳を行取《ぎょうしゅ》するのみに非ず、百歳の佗生《たしょう》をも度取《どしゅ》すべきなり」、そういう情けない毎日を送っている私ですが、そのなかの一日の行いを行取せば、すっかり行いおおせることができるならば、一生の百歳をすっかり行いおおせるのと違いはないと言うのです。

ここの解釈は難しいのですが、「たった一日でいいからきちんとしよう」ということでしょうか。「おまえの一生のなかで、一日くらいしっかりやれよ」と言われているのだと思います。そうすれば、自分の一生、百歳をすっかり行いおおせたというだけではなく、百歳の佗生、過去の生、人さまの生をもすっかり救い尽くすことができるのだと言ってくださっています。

私のように、銀座や六本木、あるいはどこかの温泉場でウダウダ酒を飲んで暮らしていても、そのうち一日の行持、これをしっかりと行いなさい。完璧に行いなさい。仏さまの教えどおりにしなさい。そうすれば、自分の一生がきちんとするだけでなく、だれかほかの人の人生をも救うことができるのだと言うのです。

「此一日《このいちにち》の身命は尊ぶべき身命なり」、これは言葉どおりに受け取ってください。「貴《とうと》ぶべき形骸なり」、尊ぶべき姿かたちであるということです。

「此行持《このぎょうじ》あらん身心《しんじん》自《みず》からも愛すべし」、そのように堅く戒め、仏の道を生きていくならば、自分の身も心もまずみずから愛しなさい。「自《みず》からも敬《うやも》うべし」、みずから敬いなさいと言っています。

私たちのそうした尊い正しい生活のあり方によって、「諸仏の行持見成《ぎょうじげんじょう》し」ですから、正しい行いが目の前に現れてくる。さらに、「諸仏の大道通達《だいどうつうだつ》するなり」、諸仏の正しい教えの道が、一本ストーンと見えてくるということでしょう。

そして「一日の行持是《ぎょうじこ》れ諸仏《しょぶつ》の種子《しゅし》なり、諸仏《しょぶつ》の行持《ぎょうじ》なり」と結んでいます。「種子」とは仏さまの種、仏になる原因という意味ですから、すなわち、一日の行持はもろもろの仏となる源泉であり、そのことこそが諸仏の行ってきた正しい生活のあり方なのだと説かれているのです。

これはものの例えです。百歳のなかで、つまり一生のなかで一日をきっちりとやりおおせればいいと言っているのですが、それは一日だけやればいいということではありません。きちっとした一日一日を送りなさいというのがほんとうの意味です。

まずは一日一日をしっかりと積み重ねるようにして送っていけば、おのずとそれが一生につながっていく。そうすれば、自分の一生だけではなく、自分のそばにいる人々の一生にも影響を与えていく。すなわち「度取《どしゅ》」、すっかり救いおおせるということです。自分自身が菩薩《ぼさつ》の行願《ぎょうがん》を営んでいけば、他者を救い切ることもできるという意味を表しているのだと思います。

それが仏の行ってきたことであり、私たちもそのように行えば、仏さまは私たちの目の前に現れてくださると言われているのでしょう。

仏の恩

謂《いわ》ゆる諸仏《しよぶつ》とは釈迦牟尼仏《しやかむにぶつ》なり、釈迦牟尼仏是《こ》れ即心是仏《そくしんぜぶつ》なり、過去現在未来の諸仏《しよぶつ》、共《とも》に仏と成る時は必ず釈迦牟尼仏と成るなり、是《こ》れ即心是仏《そくしんぜぶつ》なり、即心是仏というは誰《たれ》というぞと審細《しんさい》に参究《さんきゆう》すべし、正《まさ》に仏恩を報ずるにてあらん。

これが最終章であり、最終項です。

「謂《いわ》ゆる諸仏《しよぶつ》とは釈迦牟尼仏《しやかむにぶつ》なり」、もろもろの仏とは釈迦牟尼仏のことをいうのであると言い、釈迦牟尼仏とは「是《こ》れ即心是仏《そくしんぜぶつ》なり」と言っています。「即心是仏」というのは、私たちのこの身心がそのまま仏になることを言います。

「過去現在未来」、これを「三世《さんぜ》」と言いました。その三世の諸仏が「共《とも》に仏と成る時は必ず釈迦牟尼仏と成るなり」と言い、「是《こ》れ即心是仏《そくしんぜぶつ》なり」と言うのですから、仏となり、釈迦牟尼仏となるときは、私たちの身心がそのまま仏になるのだと言っていることになります。これはどういうことでしょうか。

如来《にょらい》の話をしたときに、如来には三つのタイプがあると言いました。そのときにあえて伏せてきたことがあるのですが、今ここで触れることにしましょう。

如来には、法身仏《ほっしんぶつ》・報身仏《ほうじんぶつ》・応身仏《おうじんぶつ》の三種があると言いましたが、これは「三身即一身《さんじんそくいっしん》」ということです。つまり、三種に分かれた仏さまは、最終的には一つの仏に収斂されていくのです。これを「三身即一身」と言います。

では、なぜ仏さまには三つものタイプがあったのでしょう。それは、私たち人間には大変悩みが多いからです。

そのような多くの悩みを「煩悩《ぼんのう》」と言います。その悩みの数、煩悩の数だけ仏さまがいらっしゃったのです。私たちの多くの悩みに応じるために、たくさんの諸仏がおられるのです。

けれども、そうした諸仏は、結局のところ釈迦牟尼仏という一身に収斂されていくということです。そして、この「釈迦牟尼仏」こそがキーワードです。釈迦牟尼仏は「即心是《そくしんぜ》仏《ぶつ》なり」と言うのです。

仏とは釈迦牟尼仏のことであり、その釈迦牟尼仏とは、即心是仏、私たちのこの身心がそのまま仏であるという。

であるならば、「即心是《そくしんぜ》仏《ぶつ》というは誰《たれ》というぞと審細《しんさい》に参究《さんきゅう》すべし」と、ここまで申し上げればもうおわかりだと思います。即心是仏、この身心がそのまま仏となるのですから、それではその仏となるのはだれなのかということをよく考えてみなさいと言っているのです。それは自分自身ではないか。わが身自身ではないかということですね。

この握ったこぶしのなかにこそ釈迦牟尼仏がおられる。この両の眼のなかにこそ仏さまはおられる。このトクトクと脈打つ心臓のなかにこそ釈迦牟尼仏はおられる。そのことをよくよく勉強のうえにも勉強し、参学のうえにも参学して極め尽くしなさい。極め尽くしたとき、「正《まさ》に仏恩を報ずるにてあらん」と言います。

「あ、わかった」と思ったなら、その「わかった」という気持ちそのものを仏に対する恩に変えなくては、ほんとうにわかったということにはならないのではないのでしょうか。

ここに述べられていることこそが、『修証義《しゅしょうぎ》』の真髄であろうと私は思います。

仏とは、法身仏・報身仏・応身仏という三身でまとめられると私たちは学んでまいりました。しかし、そのような論理はさておいて、実際に仏の道を実践していけば、それらの仏はすべて釈迦牟尼仏であり、また即心是仏、私たちのこの身心がそのまま仏であるということです。

即心是仏とは、自分自身にほかなりません。そのことを真剣に究明しなさいと言っています。参学とは己を習うことです。己を学習することです。己を見極めることです。そして己を見極め切ったときに初めて仏に対する恩を感じ、その恩に報いていけるのです。

それが菩薩《ぼさつ》の行願《ぎょうがん》に通じていくのではないでしょうか。『修証義』は、このような修行のなかにこそ悟りがあるという道元禅師《どうげんぜんじ》の教えの真髄を、みごとにお説きになっておられるのです。

おわりに

著者が、終わりに臨んで何かを記すということになると、どうしても著作の内容についての言いわけのようになってしまうので、「おわりに」というのを書くのはあまり好きではない。しかし、長い間一冊の本につき合っていただいたことのお礼を言うことであれば、それはそれで意味のあることなのかもしれない。改めて深くお礼を申し上げます。

それにしても『修証義《しゅしょうぎ》』という経典は、道元禅師《どうげんぜんじ》という宗祖のすばらしさを改めて感じさせるものである。明治の中期に大内清巒居士《おおうちせいらんこじ》が、時代にマッチした教えをわかりやすく示したいというので曹洞宗扶宗会を作り、その会の雑誌を刊行して、会の綱領ということで道元禅師の根本思想を展開していった。それを、さらに宗会で曹洞宗《そうとうしゅう》のたいせつな経典としようということで、永平・総持両本山で検討のうえにも検討を重ねてでき上がったのが『修証義』である。文字どおり、曹洞宗の宝物と言ってよい経典なのである。

私は『修証義』の持っているわかりやすい意味合いも大好きであるが、それ以上に『修証義』の韻律が好きである。これは、『修証義』を声を出して読まないことには理解できない。声を出して読んでみると、その歯切れのよい男性的なリズム感や迫力に圧倒されることになるのである。経典のなかには読誦しやすい経典と、いわゆる黙読で勉強をしていく経典とがある。この黙読を看経《かんきん》と言っている。勉強ということではたいせつなことである。偉大な先輩僧侶たちの語録などがある。しかし、『修証義』は黙読してよしとする経典ではない。あくまでも声を出して読誦するようにできている。それは、この『修証義』の持っている意味合いとは別に、「響き」としての魅力である。

私たちの日常生活のなかで、音楽の持っているはたらき、役目というものにはすばらしいものがあるが、人間にとって聴覚から受ける感動は視覚とは別の魅力を持っている。だからこそ、音楽というものがこれほど大衆に支持されるのであろう。

そうした音楽を宗教でもたいせつに取り入れている。キリスト教における聖歌などは、そのよい例であろう。仏教でもそうした聴覚からの魅力を無視しているわけではなく、仏教音楽の原点ともいうべき「声明《しょうみょう》」「ご詠歌」といったものがある。「響き」がいかにたいせつかということなのだが、そのことを古くから説いていた人物としては、弘法大師《こうぼうだいし》・

空海《くうかい》がいる。『吽字義《うんじぎ》』という著作があるが、これは「響き」の重要性を説いたものである。「ダラニ」という梵語《ぼんご》のままで読誦する経典がある。ダラニは、意味を解するために読むのではなく、その「響き」をたいせつにするために読誦するのである。

仏教でも、そうした「響き」のたいせつさは十分にわかっているのである。世界中の言葉のなかには、感嘆詞というものがある。その言葉だけでは意味をなさないが、文脈のなかでなら十分に理解できる。「ああ」とか「おお」といった言葉である。仏教にもこうした発音があって、「聖音《せいおん》」と呼んでいる。たいせつな「響き」である。『修証義』には、そうした「響き」のすばらしさがあるのである。それ故に、ぜひとも皆さんにも言葉として頭のなかだけで理解するのではなく、声を出して読誦し「響き」としての魅力を存分に体で味わっていただきたいと思っているのである。

末筆になったが、拙著の上梓にあたりお骨折りをいただいた大蔵出版のI氏や、みち書房のT氏、O女に、この場を借りて厚く謝辞を述べておきたい。

二〇〇一年五月

著　者　記す

著者紹介

牛込覚心（うしごめ　かくしん）

1940年　東京・浅草に生まれる。
1970年　牛次郎《ぎゅうじろう》の筆名で，作家としてデビュー。
1981年　角川書店野生時代新人文学賞受賞。
1986年　臨済宗妙心寺派医王寺にて出家得度。同寺学徒。
1989年　静岡県伊東市に，転法輪山願行寺を建立，開山。
1996年　願行寺，文部大臣認証の単立寺院となり，管長兼住職となり現在に至る。
著　書（仏教関係の主なもの）
『自然体の般若心経』（ベストブック社）
『出家のすすめ』(PHP 研究所)
『葬儀の探究』（国書刊行会）
『生と死の白隠禅師坐禅和讃』（大蔵出版）
『生と死の般若心経』（大蔵出版）
『生と死の観音経』（大蔵出版）
『現代お墓革命』（大蔵出版）など多数。
現住所　〒413-0231　静岡県伊東市富戸1164-7　転法輪山願行寺

生と死の『修証義』

2001年7月10日　初版第1刷発行

著　者　牛込覚心
発行者　鈴木正明
発行所　大蔵出版株式会社
〒112-0015　東京都文京区目白台1-17-6
TEL.03(5956)3291　FAX.03(5956)3292
印刷所　株式会社 厚徳社
製本所　株式会社 常川製本
編集協力　株式会社 みち書房　田中治郎・岡田理恵

 ISBN 4-8043-3056-9 C0015